ANTJE VON STEMM

DIE POP-UP-WERKSTATT

FÜR KINDER

Haupt
GESTALTEN

H ALL O!

ANTJE VON STEMM

DIE POP-UP-WERKSTATT

FÜR KINDER

falten, schneiden, malen, kleben

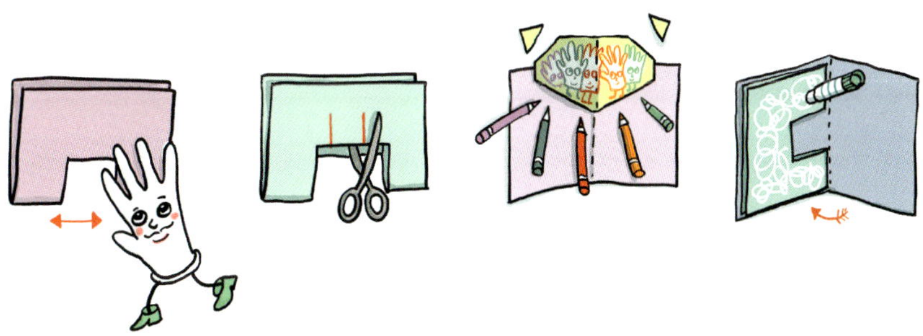

HAUPT VERLAG

INHALT

EINSTEIGER-POP-UP

DAS IST DRIN

HI, ICH BIN L!

HALLO, UND ICH BIN R!

Wenn wir Papier in die Hände bekommen, dann kribbelt es uns richtig in den Fingerspitzen – wir finden, Papier ist ein tolles Material. Geht es dir auch so? Dann bist du hier genau richtig.

WILLKOMMEN IN DER POP-UP-WERKSTATT!

WORUM GEHT'S HIER EIGENTLICH?

In diesem Buch erklären wir dir, wie du ganz einfach Pop-ups basteln kannst.

UND WAS IST EIN POP-UP?

Pop-up ist ein englischer Begriff und bedeutet „plötzlich hervorkommen“ – ähnlich wie bei Popcorn, das auch plötzlich aus dem erhitzten Maiskorn hervorschießt. Die Pop-ups in diesem Buch sind natürlich nicht aus Mais, sondern aus Papier. Genauer gesagt geht es um Konstruktionen aus Papier, die sich aus einer Seite herausklappen, wenn diese geöffnet wird.

FÜR WEN IST DIESES BUCH GEDACHT?

Die Pop-up-Werkstatt richtet sich genau an dich! Es ist geeignet für alle, die gerne schnippeln und basteln, hauptsächlich richtet es sich aber an Kinder und Kindergruppen. Mithilfe der Anleitungen in diesem Buch kannst du richtige „Künstler-Pop-up-Unikate“ gestalten, also einmalige Einzelstücke, die es so sonst nicht gibt.

UND WIE WIRD'S GEMACHT?

Jedes Pop-up wird Schritt für Schritt mit Texten, Zeichnungen und Fotos erklärt. Lies dir die Anleitung immer erst einmal durch, bevor du loslegst – manchmal hilft auch lautes Vorlesen, um eine Anleitung besser zu verstehen.

UND WAS BEDEUTET DIESES SELTSAME ZEICHEN?

Was du hier siehst, ist ein QR-Code. Damit haben wir uns für dieses Buch etwas ganz Besonderes ausgedacht: Einige Pop-ups werden dir nämlich nicht nur auf dem Papier, sondern auch als kleines Video erklärt. Ein Bild sagt zwar schon mehr als tausend Worte, aber manchmal ist ein bewegtes Bild noch besser! Die QR-Codes kannst du mit einem Tablet oder einem Smartphone abscannen. (Hierfür brauchst du lediglich eine QR-Code-Scanner-App, die es kostenlos in deinem App-Store gibt.) Der QR-Code leitet dich zu einem Mini-Video, welches dir eine bestimmte Pop-up-Technik noch einmal genauer zeigt.

Du kannst die Videos alle auch ohne Smartphone-Tüdelüt unter *www.vonstemm.com/video-tutorials* **finden.**

Und du kannst das Buch natürlich auch ganz ohne Videos benutzen, wenn dir das lieber ist …

UND WIE IST DIESES BUCH AUFGEBAUT?

Es gibt fünf besonders einfache „Einsteiger-Pop-ups“, die wirklich jedes Kind nachmachen kann. Diese Pop-ups sind auch für erste Versuche mit Kindergruppen sehr gut geeignet. Auf den darauf folgenden Seiten werden dann Varianten gezeigt, die auf der Grundform aufbauen und schon etwas komplizierter anzufertigen sind – du bastelst dich also langsam in Fahrt!

Zu vielen Pop-ups gibt es Kopiervorlagen, die kann man zum Üben ganz einfach nachbasteln. Alle Mechanismen werden aber auch so erklärt, dass du sie selbst konstruieren kannst!

Ach ja:
Für einige Pop-ups brauchst du spezielle Fähigkeiten: Manchmal musst du zum Beispiel mit einem Cutter oder einem Geodreieck umgehen können. Wie das funktioniert, wird dir auf extra Technikseiten genau gezeigt.

So, jetzt geht's aber los! Wir wünschen dir viel Spaß beim Basteln und wir sind uns sicher:

DAS KANNST DU AUCH!

GRUNDSÄTZLICHES

VORWEG

DAS PASSENDE PAPIER ...

... ist für Pop-ups natürlich ganz wichtig! Man benötigt einfaches, weißes Papier, das sich gut schneiden und falten lässt und trotzdem genügend Festigkeit hat. Die Oberfläche sollte nicht zu glatt sein, damit du auch mit Buntstiften gut darauf zeichnen kannst. Sehr gut eignet sich Papier mit einer Stärke von 160 bis 200 g/m² – zum Beispiel das Papier BioTop 3 von Mondi.

Wenn in diesem Buch von „festerem Papier“ die Rede ist, meinen wir dieses Papier. Fast alle Projekte sind damit angefertigt worden.

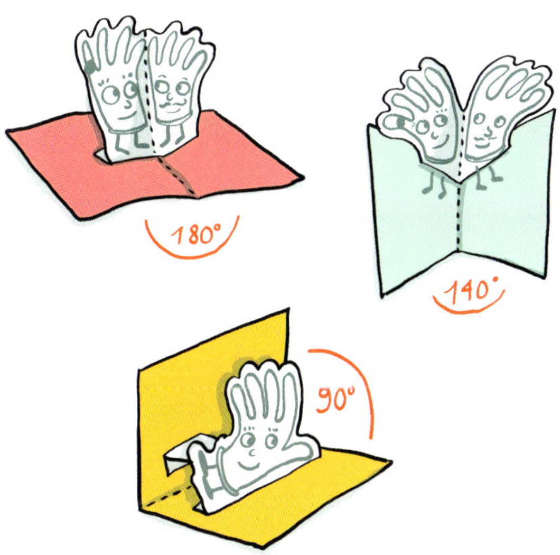

Bei einigen Pop-ups müssen die Basisseiten ganz flach aufgeklappt werden, damit das Pop-up gut funktioniert, bei anderen wird die Seite nur halb geöffnet. Manche Pop-ups sehen besser aus, wenn man die Seite quer legt. Auf den Bildern bei den Anleitungen kannst du immer gut erkennen, wie das Pop-up am besten ausschaut.

PAPIERFORMATE ...

... werden in DIN angegeben. Normales Kopierpapier hat die Größe DIN A4 und ist 21 cm x 29,7 cm groß. Die Hälfte davon ist DIN A5 und wieder die Hälfte davon ist DIN A6 groß – so groß wie eine Postkarte.

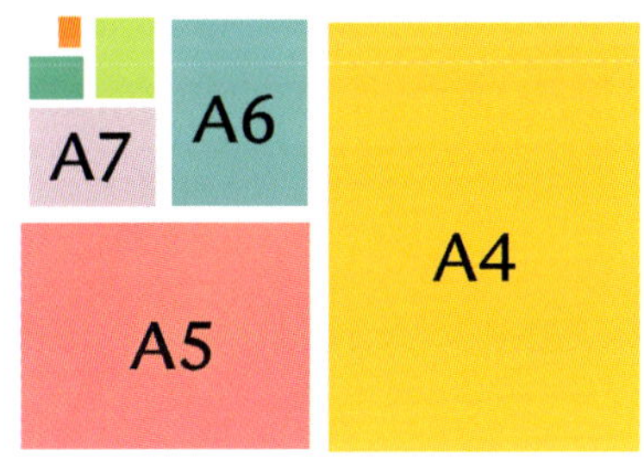

Fast alle Pop-ups in diesem Buch werden erst einmal in einzelne Doppelseiten geklebt. Diese „Basisseiten“ haben aufgeklappt meistens die Größe DIN A5.

Später kannst du dann aus einzelnen Seiten ein ganzes Buch machen. Wie das geht, zeigen wir dir auf Seite 130 ff.

DIE KOPIERVORLAGEN

Zu vielen Pop-ups gibt es in diesem Buch Kopiervorlagen, die kannst du auf festeres Papier kopieren und nachbasteln. Wie das geht, steht auf Seite 87 (Kopieren von Vorlagen). Auf den Kopiervorlagen siehst du gestrichelte Faltlinien und durchgezogene Schnippellinien.

AUFWÄRMÜBUNGEN

FÜR ANGEHENDE PAPIERINGENIEURINNEN UND FALTKÜNSTLER

Einige Tricks und Handfertigkeiten wirst du für das Basteln von Pop-ups immer wieder brauchen. Deshalb gibt es hier diese Aufwärmübungen, dann müssen wir nicht alles auf jeder Seite neu erklären. Lies diese Übungen einmal gut durch und bastle dich warm – vielleicht kannst du ja auch einiges schon?

1. DAS PAPIER VORRILLEN

Damit sich das festere Papier genau da faltet, wo du möchtest, solltest du es an der Falzlinie entlang vorrillen. Das heisst, du „dellst" das Papier an der Faltlinie etwas ein. Ziehe hierfür mit einer Stricknadel an einem Lineal entlang die Falzlinie genau nach.

Hast du keine Stricknadel, kannst du auch eine Büroklammer oder einen nicht mehr schreibenden Kugelschreiber nehmen. Das Vorrillen machst du immer als Erstes, vor dem Ausschneiden!

Streichst du nun mit der Fingerkuppe über die Linie, kannst du sie fühlen.

2. DEKORIEREN – MALEN – ZEICHNEN

Oft ist es einfacher, wenn man die Pop-ups vor dem Zusammenbasteln anmalt. Dazu eignen sich ganz viele Techniken, ein paar Spezialtipps findest du im Buch verstreut auf Seite 29 (Collage), Seite 106 (Buntstiftspäne) und Seite 101 (Tintenkleckse).

Wenn du mit feuchten Farben malen möchtest, musst du die Trocknungszeit mit einplanen: Pop-ups lassen sich wirklich nur mit trockenem Papier basteln. Aber wenn du mit Buntstiften, Filzstiften, Collagen oder Stempeln arbeitest, kannst du direkt danach mit dem Pop-up loslegen.

Möchtest du unbedingt nach dem Basteln malen, dann sind Pinselstifte gut geeignet, denn die sind so weich, dass man auch auf einer nicht flach ausgebreiteten Konstruktion zeichnen kann.

3. SCHNEIDEN

Entlang der durchgezogenen Linie wird geschnitten. Hierfür reicht meistens eine scharfe, spitze Papier- oder Bastelschere. Wenn du feinere Schnitte machen möchtest, kannst du mit einer Silhouettenschere arbeiten. Löcher oder Schlitze lassen sich besser mit dem Cutter schneiden – wie du mit diesem Werkzeug umgehst, kannst du auf Seite 55 nachlesen.

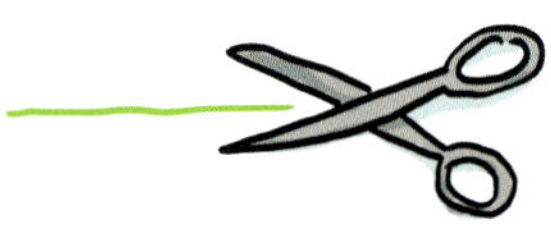

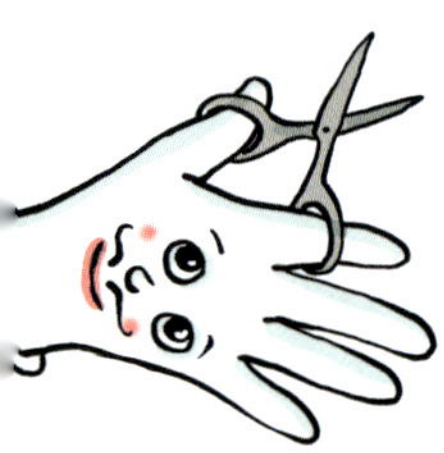

4. VORFALTEN

Wenn du alles ausgeschnitten hast, faltest du das Papier in die richtige Richtung vor. Es gibt Bergfalten, die sehen bei den Kopiervorlagen so aus: – • – • – • – .

Hier faltest du das Papier so, dass die Linie oben auf dem Knick ist: Du kannst die Linie auf dem Bergrücken sehen. Talfalten sehen im Buch so aus: – – – – – .

Hier faltest du das Papier so, dass die Linie im Knick verschwindet: Die Linie liegt unten im Tal.

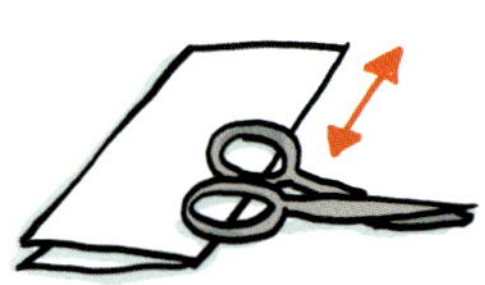

Ziehe die Kante des gefalteten Papiers mit deinem Fingernagel oder dem Scherengriff nach, damit ein scharfer Knick entsteht. So werden deine Pop-ups genauer!

5. KLEBEN

Für Pop-ups benötigst du Papierklebstoff. Besonders gut geeignet ist flüssiger, weißer Bastelklebstoff, der durchsichtig auftrocknet. Für Flächen kannst du einen Klebestift benutzen. Die Klebeflächen bei den Kopiervorlagen sehen so aus:

Die kleinen Punkte drumherum zeigen dir die genaue Position.

Man braucht übrigens meistens viel weniger Klebstoff, als man denkt, hier darfst du also ruhig sparsam sein ...

SUPER
GLUE
Super Fast, Strongest Bondin

ACHTUNG, ES GEHT LOS

DAS POP-UP-KÄSTCHEN

Wir beginnen mit der einfachsten Pop-up-Technik der Welt! Aber keine Sorge, das ist keine lahme Übungsaufgabe, du kannst sofort ganz tolle Sachen damit zaubern …

* Parallel sind zwei Linien, wenn sie an allen Stellen den gleichen Abstand zueinander haben.

DU BRAUCHST:

- festes Papier, ca. 160g/m², im Format DIN A5
- Schere

SO GEHT'S:

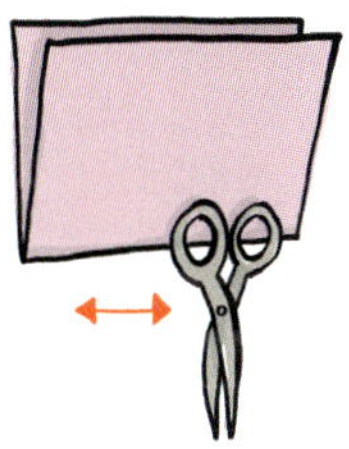

1 Falte das Papier zur Hälfte, ziehe die Kante mit deinem Fingernagel oder dem Scherengriff scharf nach.

2 Schneide von der geschlossenen Seite aus zwei parallele*, gleich lange Schlitze ins Papier.

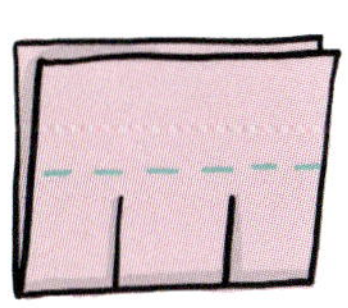

3 Die Schlitze sollten höchstens bis zur Mitte des Papiers gehen, sonst ragt dein Pop-up später aus der Seite!

4 Knicke den mittleren Steg nach oben und ziehe die Kante scharf nach.

5 Falte den Steg wieder zurück und öffne die Seite.

6 Schließe die Seite wieder, drücke dabei von außen mit den Fingern den Steg in die Karte hinein, sodass innen ein Kästchen entsteht.

7 Streiche die geschlossene Seite von außen glatt, damit sich das Papier flach legt.

Video-Anleitung Nr. 1

POP-UP-KÄSTCHEN

www.vonstemm.com/video-tutorials

EXPERIMENTE

MIT DEM POP-UP-KÄSTCHEN

Hast du ein einfaches Pop-up-Kästchen hinbekommen, dann versuche doch mal ein paar andere Formen:

Schneide …

… einen ganz langen, schmalen Steg.

… viele schmale Stege.

… Schlitze, die gar nicht parallel sind.

… einen dicken, fetten Klotz.

… schräg, im Zickzack.

… Fantasieformen oder ganz viele Schlitze auf einmal – was passiert?

Falls dein Pop-up doch aus der Seite ragt, bekommst du es wieder in die Seite hineingefaltet?

DAS POP-UP-

Du kannst die Seite mit dem Pop-up-Kästchen einfach mit Bunt- oder Filzstiften bemalen – es könnte zum Beispiel ein geheimnisvolles Paket, ein Fernseher oder ein Würfel werden. Fällt dir noch etwas Kastenförmiges ein?

ÄSTCHEN VERWANDELT SICH

Du kannst das Pop-up-Kästchen aber auch als Halterung für ein anderes Motiv benutzen: Klebe dafür einfach ein ausgeschnittenes Bild an das Kästchen – und es steht mit dem Öffnen der Karte automatisch auf!

Nimm nur ganz wenig Klebstoff, sonst klebt die ganze Karte zusammen!

DU BRAUCHST:

- eine Seite mit Pop-up-Kästchen, siehe Seite 19
- festes Papier, ca. 160g/m², halb so groß wie die Pop-up-Seite
- Bleistift
- Buntstifte, Filzstifte oder Collagenmaterial
- Schere
- flüssigen Klebstoff

UND SO GEHT'S:

1 Damit das Pop-up später nicht herausragt, lege das feste Papier flach an die untere Kästchenkante und klappe die Karte zu.

2 Markiere, wo das Papier aus der Karte ragt, und schneide alles Überstehende ab.

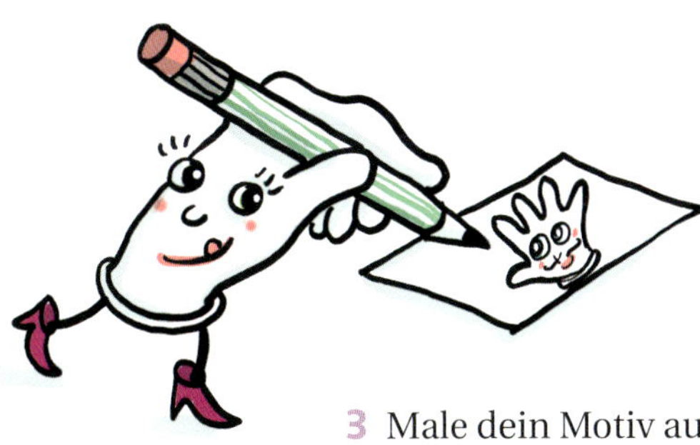

3 Male dein Motiv auf das restliche Papier und schneide es aus.

4 Klebe das Motiv an das Kästchen.

5 Verziere den Hintergrund nach Bedarf.

Wenn du glaubst, du kannst nicht malen, könntest du auch eine Collage machen – schau mal auf die nächste Seite!

Love

SHOPPING
GUTSCHEIN

MALTECHNIK: COLLAGE

Es gibt eine gute Nachricht: Du musst kein begnadeter Zeichner sein, um eine Pop-up-Karte zu gestalten! Mit Collagen können dir tolle Bilder gelingen, fast ganz ohne Einsatz von Stiften. Manchmal inspirieren Collagen sogar zum Weiterzeichnen und Bildideen entwickeln sich ganz von allein …

Collagenmaterial kann also alles sein, was sich aufkleben lässt. Einige Ideen findest du in der Liste auf dieser Seite. Gut geeignet sind auch Teile von Zeichnungen – denn manchmal ist ja nur ein Teil eines Bildes gut gelungen und der Rest drumherum ist Murks. Ab sofort solltest du diese halbgelungenen Bilder nicht mehr wegschmeißen, denn wenn man eine Collage machen möchte, ist vor allem eine gute Materialsammlung wichtig. Lege dir eine dicke Mappe an, in der du alle Schnipsel sammelst, aus denen du eventuell noch etwas machen könntest.

COLLAGENMATERIAL:

- Bilder aus Zeitungen und Magazinen
- Prospekte
- Fotos
- gepresste Blüten
- Verpackungsfolien
- Obstnetze
- Fäden
- Gummibänder
- Federn

DU BRAUCHST:

- Schere
- Klebestift
- Collagenmaterial
- eventuell ablösbares Klebeband
- festeres Papier zum Aufkleben der Collage
- eventuell Stifte zum Weitermalen

UND SO GEHT'S:

1 Schneide die Motivteile aus, die dich ansprechen.

2 Schiebe die ausgeschnittenen Motivteile so lange herum, bis alles stimmt. Manchmal muss man noch einen Schnipsel hinzufügen oder eine Kleinigkeit hinzuzeichnen.

3 Klebe die Motivteile auf das festere Papier.

4 Schneide das Motiv aus und klebe es auf das Pop-up-Kästchen.

Wenn du ablösbares Klebeband hast, kannst du deine Collage von der Vorderseite mit ein paar Streifen leicht zusammenkleben, den ganzen Haufen wie einen Pfannkuchen umdrehen und von hinten mit dem Klebestift bestreichen. Dann den „Collagen-Pfannkuchen“ in einem Rutsch aufkleben. Die losen Kanten klebst du von der Vorderseite aus nach.

SO WIRST DU ZUM

HOCHSTAPLER!

Wenn du die Technik für das Pop-up-Kästchen beherrschst, kannst du anfangen „hochzustapeln“: Mit ein paar Schnitten und Kniffen lassen sich damit Siegertreppchen, Fantasieschlösser oder ein Geschenkestapel bis zum Himmel bauen!

DU BRAUCHST:

- festes Papier, ca. 160g/m², im Format DIN A5
- Schere

UND SO GEHT'S:

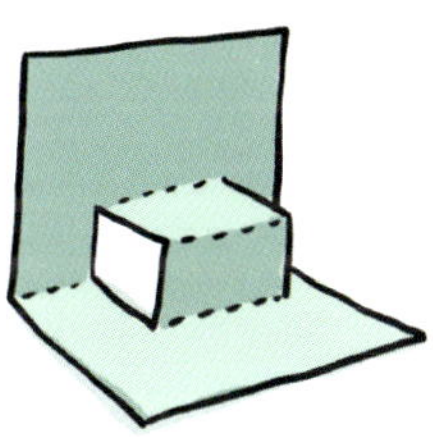

1 Falte das Papier zur Hälfte und mache ein dickes Pop-up-Kästchen in die Mitte der Seite. (Wenn du jetzt ??? denkst, schau auf Seite 19 nach ...)

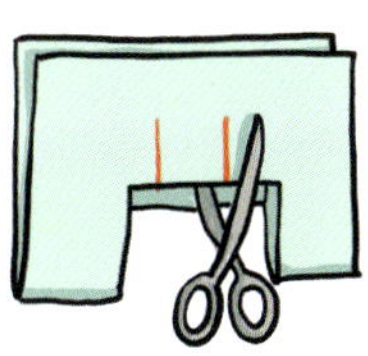

2 Schließe die Seite und schneide zwei kleine Schlitze in den nach innen gefalteten oberen Steg des ersten Pop-up-Kästchens. Das wird der Steg fürs nächste Pop-up-Kästchen.

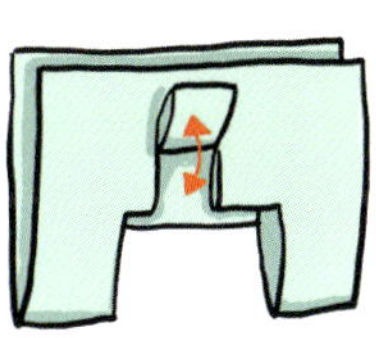

3 Knicke den kleinen Steg nach oben und ziehe die Kante scharf nach.

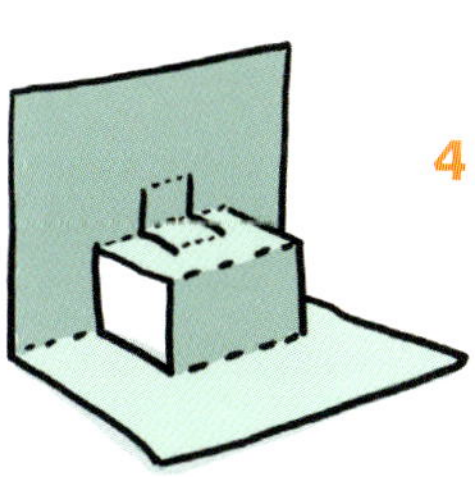

4 Falte den Steg wieder zurück und öffne die Seite.

5 Schließe die Seite wieder. Drücke dabei von außen mit den Fingern den kleinen Steg in die Karte hinein, sodass innen ein kleines Kästchen auf dem dicken Kästchen entsteht.

6 Streiche die geschlossene Seite von außen glatt, damit sich das Papier flach legt.

Video-Anleitung Nr. 2

HOCHSTAPELN

www.vonstemm.com/video-tutorials

EXPERIMENTE

MIT DER HOCHSTAPEL-TECHNIK:

… Mache immer mehr kleine Pop-up-Kästchen, überall da, wo du Platz dafür findest.

… Schneide auch von der Innenseite der Karte kleine Schlitze und falte Pop-up-Kästchen nach außen – so entstehen Treppenstufen!

… Vielleicht hast du auch noch andere Ideen?

Wie schon bei dem einzelnen Pop-up-Kästchen kannst du auch hier ausgeschnittene Motive an die Kästchen kleben – das eignet sich hervorragend für ein Gruppenbild, einen Haufen Pakete oder ein unaufgeräumtes Zimmer – und was fällt dir noch ein?

?
1
2
3

AUS DER POP-UP-SEITE WIRD EINE

KLAPPKARTE

Eine Pop-up-Seite sieht super aus, wenn man sie aufklappt, macht aber von außen erst einmal nicht so viel her. Manchmal fehlt sogar ein Stückchen Seite! Das kannst du ändern, indem du einen Umschlag drumherum klebst.

DU BRAUCHST:

- eine Pop-up-Seite
- festes, farbiges Papier, ca. 160g/m², mindestens so groß wie die Pop-up-Seite*
- Klebestift
- bunte Stifte
- eventuell Collagenmaterial/Stempel

UND SO GEHT'S:

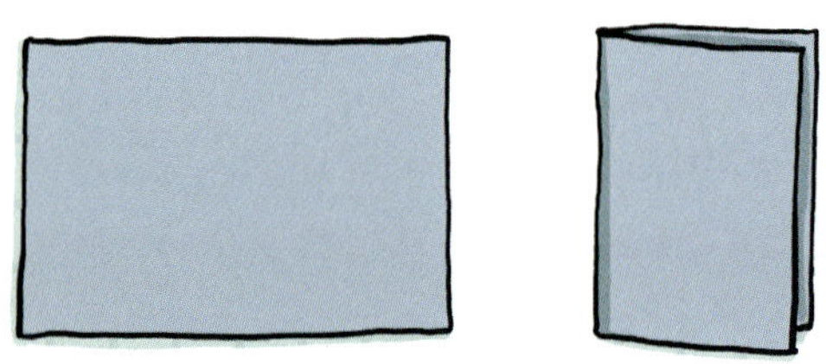

1 Falte das farbige Papier zur Hälfte, ziehe die Kante scharf nach und öffne das Papier wieder.

2 Bestreiche eine Hälfte der geschlossenen Pop-up-Seite von außen zügig mit dem Klebestift und klebe die Seite auf das farbige Papier. Achte darauf, dass der Rücken der Pop-up-Karte genau auf der Mittellinie des farbigen Papiers liegt.

3 Bestreiche nun die andere Hälfte der Pop-up-Seite mit Klebstoff, klappe das farbige Papier darüber und drücke es fest an.

4 Jetzt kannst du den Umschlag dekorieren: Für wen soll die Karte sein? Gibt es einen bestimmten Anlass?

Du könntest aus mehreren Karten auch ein ganzes Buch zusammenstellen – wie das geht, steht auf Seite 130 ff.

* Wenn das farbige Papier etwas größer ist als die Pop-up-Seite, dann musst du nicht so genau kleben und es entsteht gleich ein schöner Rahmen für die Karte! Oder du schneidest die Karte mit dem drangeklebten Umschlag hinterher noch einmal zurecht.

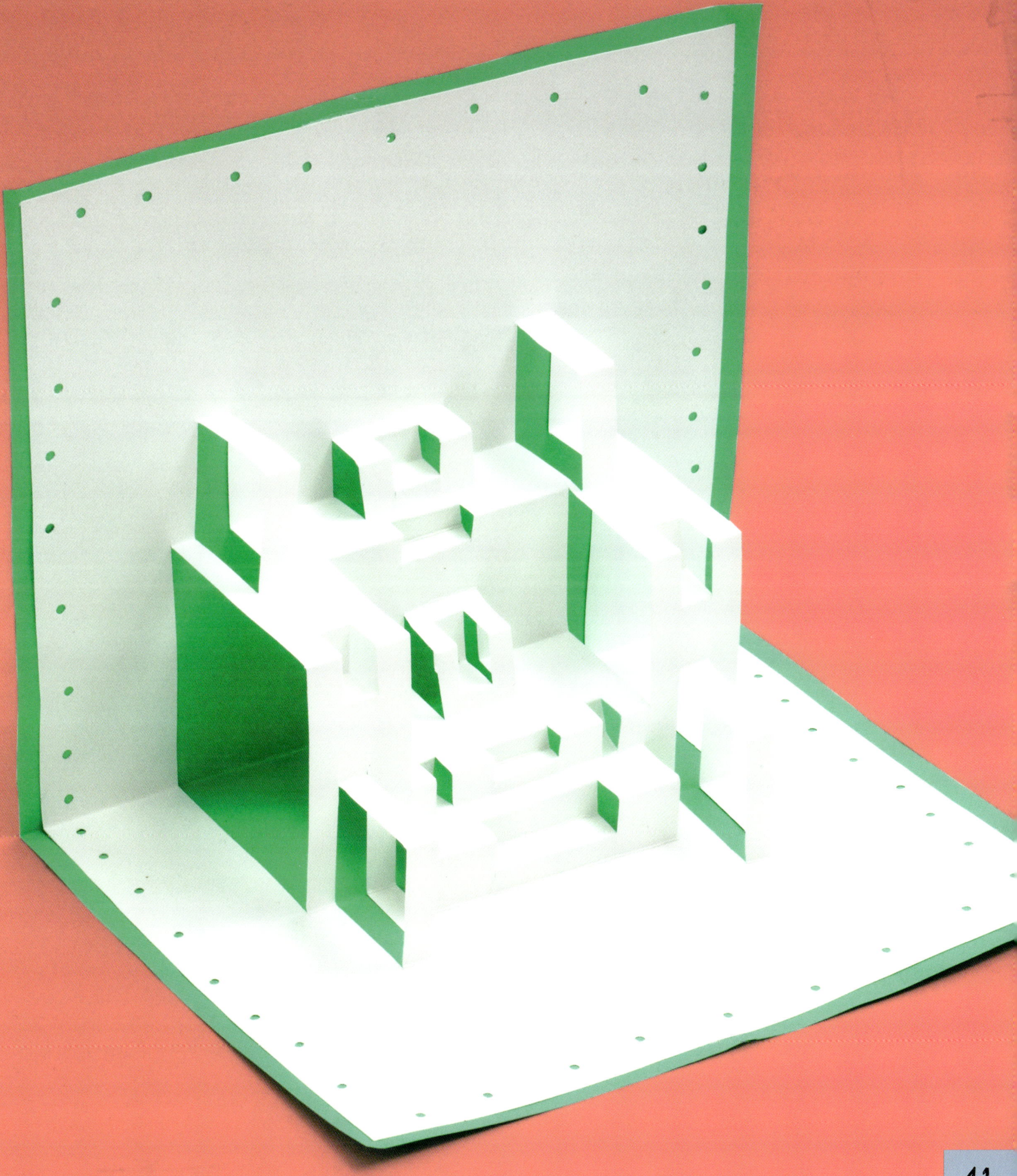

RINGELPIEZ MIT ANFASSEN

GIRLANDEN

EINSTEIGER-POP-UP

Bisher hast du das Pop-up in die Seite hineingeschnitten, du kannst es aber auch genauso gut auf die Seite aufkleben – der Vorteil ist, dass du so kein Loch verstecken musst!

DU BRAUCHST:

- festes Papier, ca. 160g/m², im Format DIN A5
- dünneres Papier, eventuell bunt, ca. 120g/m², 10 cm x 24 cm
- Bleistift
- Schere
- Radiergummi
- eventuell Buntstifte und Collagenmaterial
- Klebestift

UND SO GEHT'S:

1 Falte das dickere Papier zur Hälfte, ziehe die Kante scharf nach. Das ist deine Basisseite.

2 Falte das längere, dünnere Papier einmal in der Mitte.

3 Falte die offenen Seiten zurück, sodass du eine Zickzackfaltung mit vier Spalten erhältst.

4 Zeichne auf die vorderste Zickzackseite eine Figur, die links und rechts an die Seitenkante stößt. Das ist ganz wichtig, sonst fällt die Girlande gleich auseinander!

5 Schneide die Figur durch alle Lagen auf einmal aus.

6 Falte die Girlande auseinander – na, hat's geklappt? Jetzt kannst du die Figuren verzieren, wie du magst.

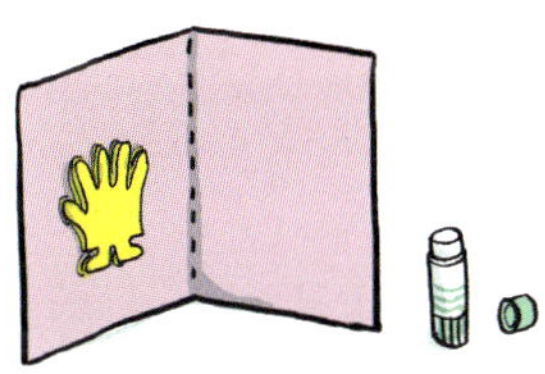

7 Falte anschließend die Girlande wieder zusammen. Klebe die Rückseite der linken Figur auf die linke Basisseite.

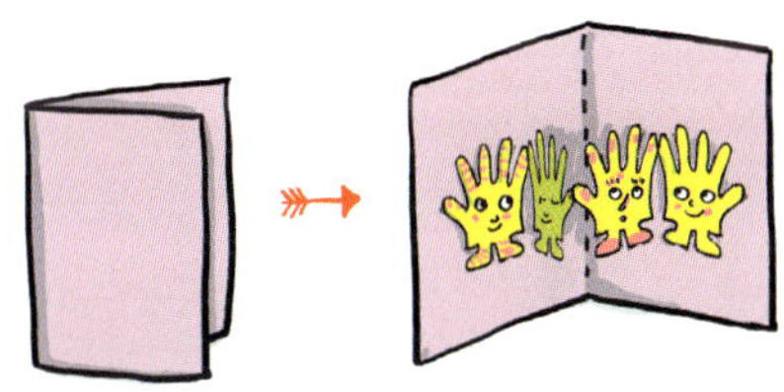

8 Bestreiche die rechte Figurenrückseite mit Klebstoff und klappe die Seite zu. Fertig!

Weitere Ideen für Girlanden: Menschen, Elefanten, Herzen, Kreise, Geister, Monster, Ostereier, Bäume, Palmen, Blumen ...

NOCH MEHR

ZICKZACK

EINSTEIGER-POP-UP

Aus dieser Fächer-Falttechnik kannst du noch viel mehr machen. Wichtig ist, dass das Papier nicht zu dick ist, sonst bekommt deine Pop-up-Seite eine Beule. Du könntest zum Beispiel auch Zeitschriftenseiten, Geschenk- oder Origamipapier ausprobieren.

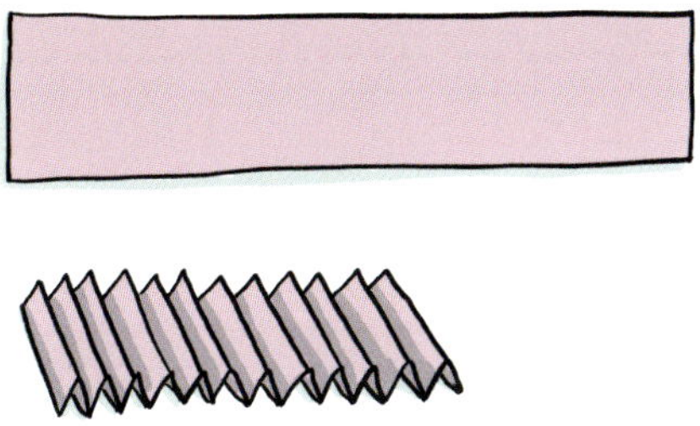

- Falte zum Beispiel einen langen, schmalen Streifen im Zickzack. Klebst du ihn zwischen die Seite, fächert sich der Streifen auf! Probiere aus, wie lang der Streifen sein muss, damit er sich gut auffalten lässt.

- Das könnte zum Beispiel ein Schirm, eine Ziehharmonika oder der Rock einer Ballerina werden – was fällt dir noch dazu ein?

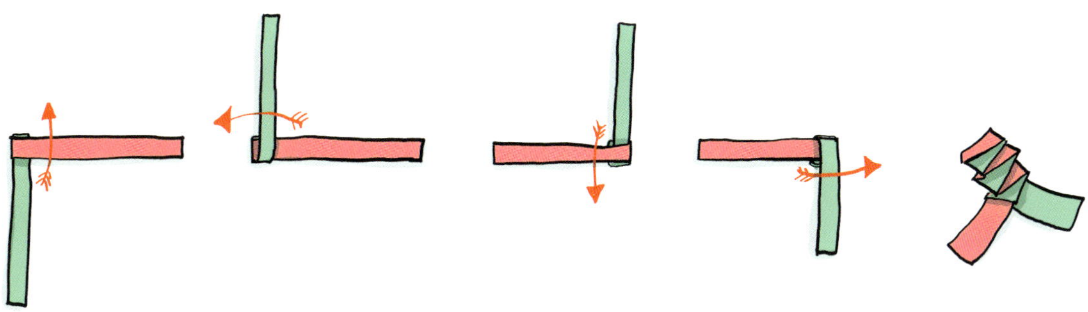

- Wenn du zwei ganz dünne Streifen zu einer Hexentreppe faltest, kannst du diese ebenfalls zwischen die Seiten kleben.

Deine Streifen können zum Beispiel 1,5 cm x 20 cm groß sein – oder länger, wenn du magst!

- Vielleicht benutzt du ein Stückchen Hexentreppe wie eine Sprungfeder und lässt mitten auf einer Seite etwas „aufpoppen“? Das könnte eine wackelige Schweinenase oder ein Hut sein.

JETZT ABER RICHTIG

DER PARALLEL-MECHANISMUS

Dieser Mechanismus ist die professionelle Version des Pop-up-Kästchens von Seite 19. So werden „richtige“ Pop-ups gemacht! Hierbei sind die Seiten des Pop-ups nicht unbedingt gleich lang. So kann beispielsweise ein langes, schmales Kästchen entstehen, das nur einen ganz geringen Abstand zum Papier hat.

DIE GRUNDIDEE:

Beim Parallel-Mechanismus haben immer die gegenüberliegenden Seiten die gleiche Länge. Also a=a und b=b.

Aber a und b müssen nicht gleich lang sein, wie beim ersten Pop-up-Kästchen (siehe Seite 19), von der Seite aus siehst du also nicht unbedingt ein Quadrat, sondern ein Rechteck.

Und weil a+b natürlich genauso lang ist wie b+a, passt immer alles in die Karte, auch wenn du die Seite zuklappst!

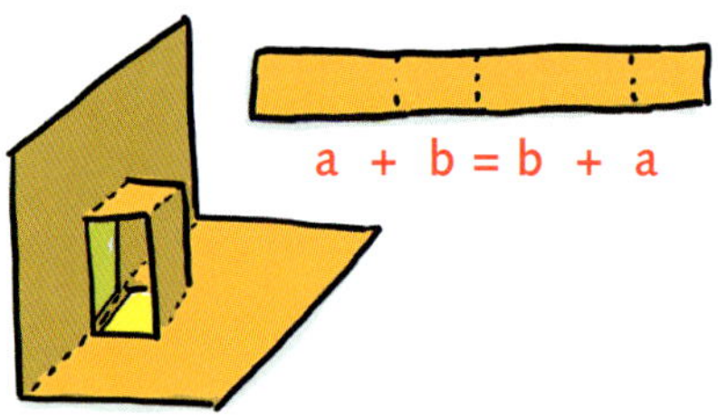

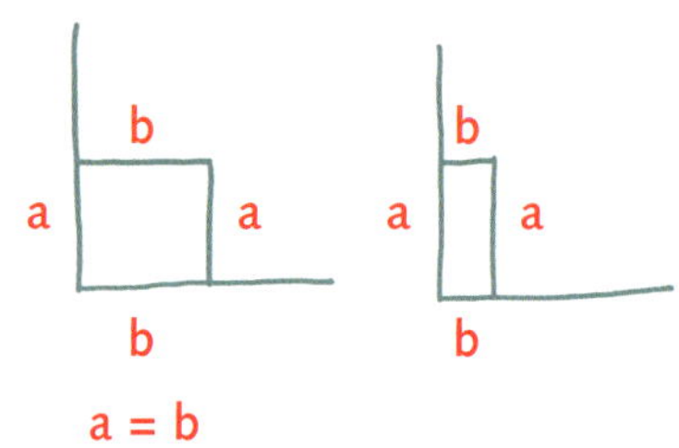

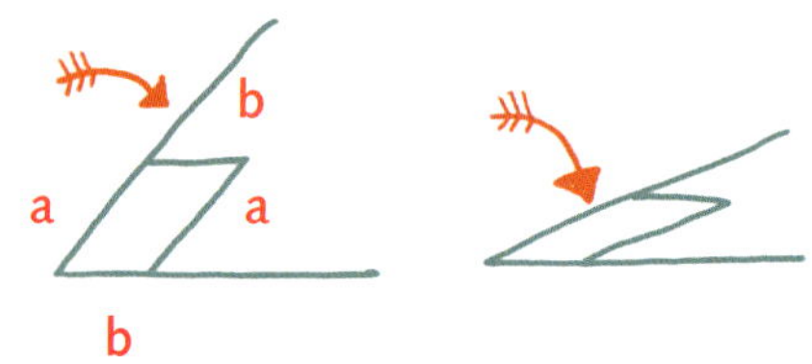

DER PARALLEL-MECHANISMUS

AUFGEKLEBT

Bastle zum Üben einmal die Kopiervorlage von Seite 48, danach kannst du diesen Mechanismus selbst konstruieren und dabei verändern, wie du möchtest. Du kannst auch die Klebeflächen kürzer machen, wenn du ein Gefühl für die Positionierung bekommen hast.

DU BRAUCHST:

- Vorlage von Seite 48 auf festem Papier (160g/m²)
- Bleistift
- Geodreieck
- Stricknadel
- Schere
- flüssigen Klebstoff

Du kannst dir die Vorlage kopieren oder ausdrucken – oder sie mit den Tipps von Seite 88–89 auf eine leeres Blatt Papier übertragen!

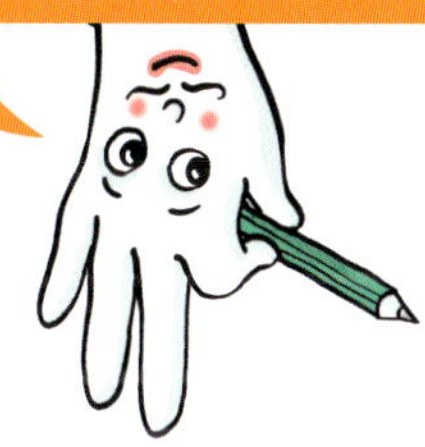

UND SO GEHT'S:

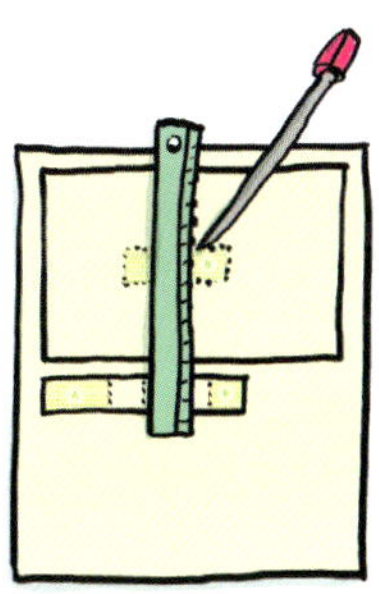

1 Damit sich das Papier später besser faltet, ziehe alle gestrichelten Falzlinien mit der Stricknadel an einem Lineal entlang nach (siehe „Vorrillen“ Seite 13).

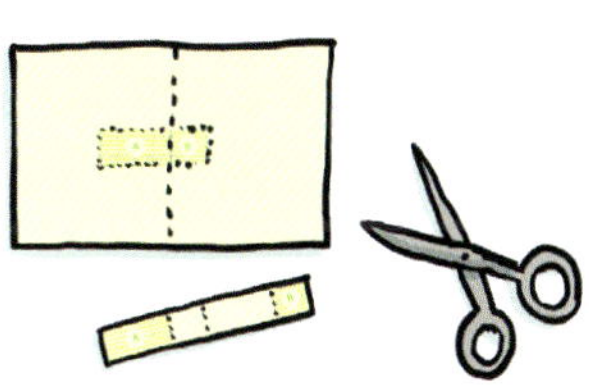

2 Schneide die Basisseite und das Pop-up-Teil aus.

3 Falte das Pop-up-Teil vor: Alles sind Bergfalten (siehe Seite 14). Falte dann die Basisseite.

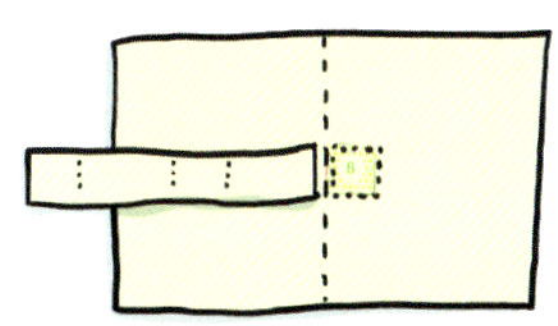

4 Bestreiche Klebefläche A dünn mit Klebstoff und klebe sie mit der Kante wie auf der Zeichnung zu sehen an den Mittelfalz.

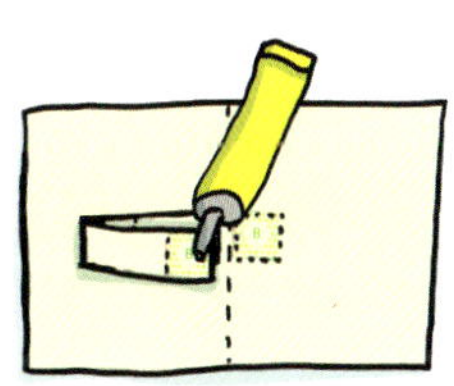

5 Knicke das Pop-up-Teil in der Mitte, sodass beide schmalen Enden in der Mitte am Falz liegen. Bestreiche Klebefläche B mit Klebstoff, schließe die Seite und drücke kurz fest.

6 Seite wieder öffnen: Fertig! Nun kannst du – wie beim Pop-up-Kästchen – ein Motiv ausschneiden und an das Pop-up-Teil kleben (siehe Seite 25).

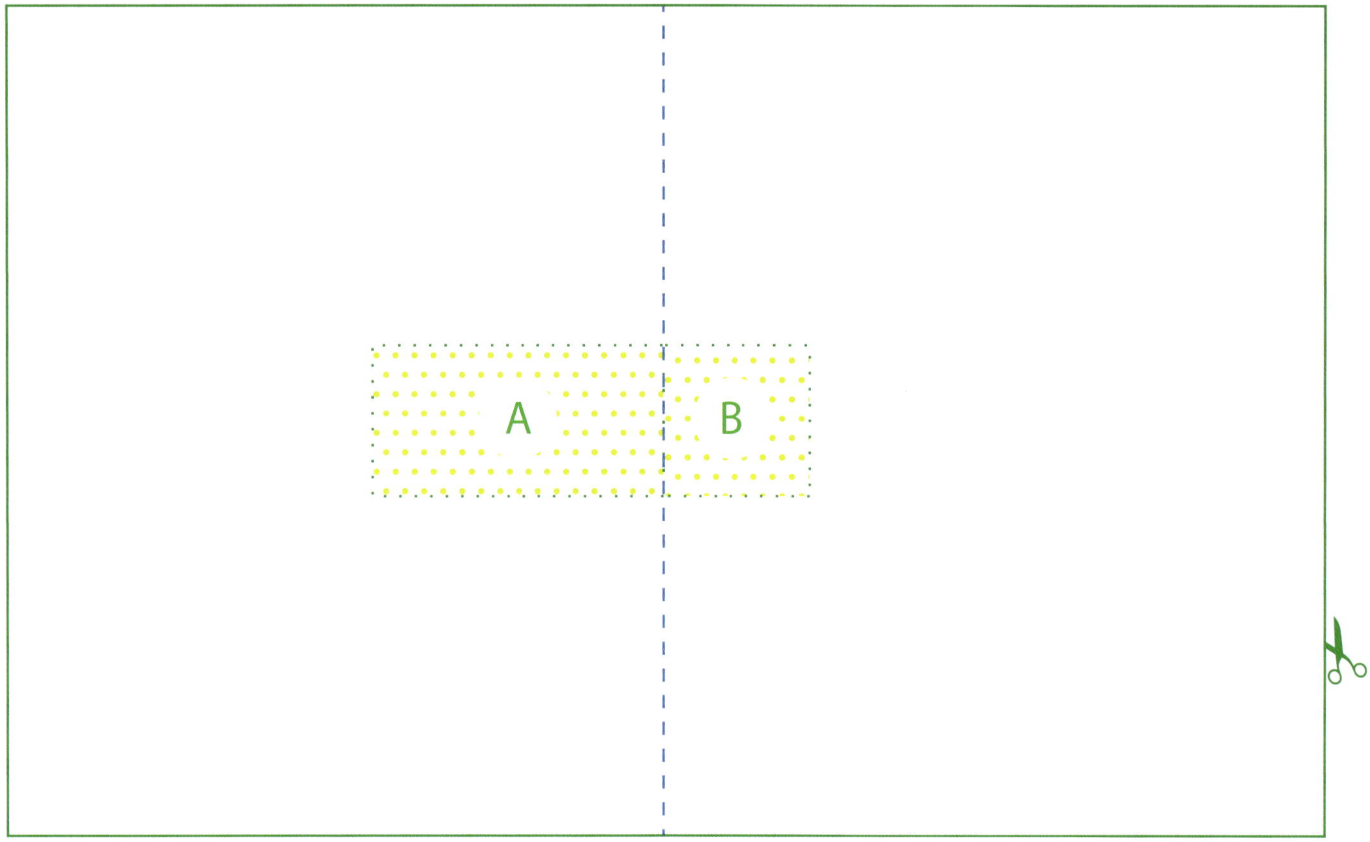

Basisteil

Pop-up-Teil

Kopiervorlage **PARALLEL-MECHANISMUS 1: AUFGEKLEBT**

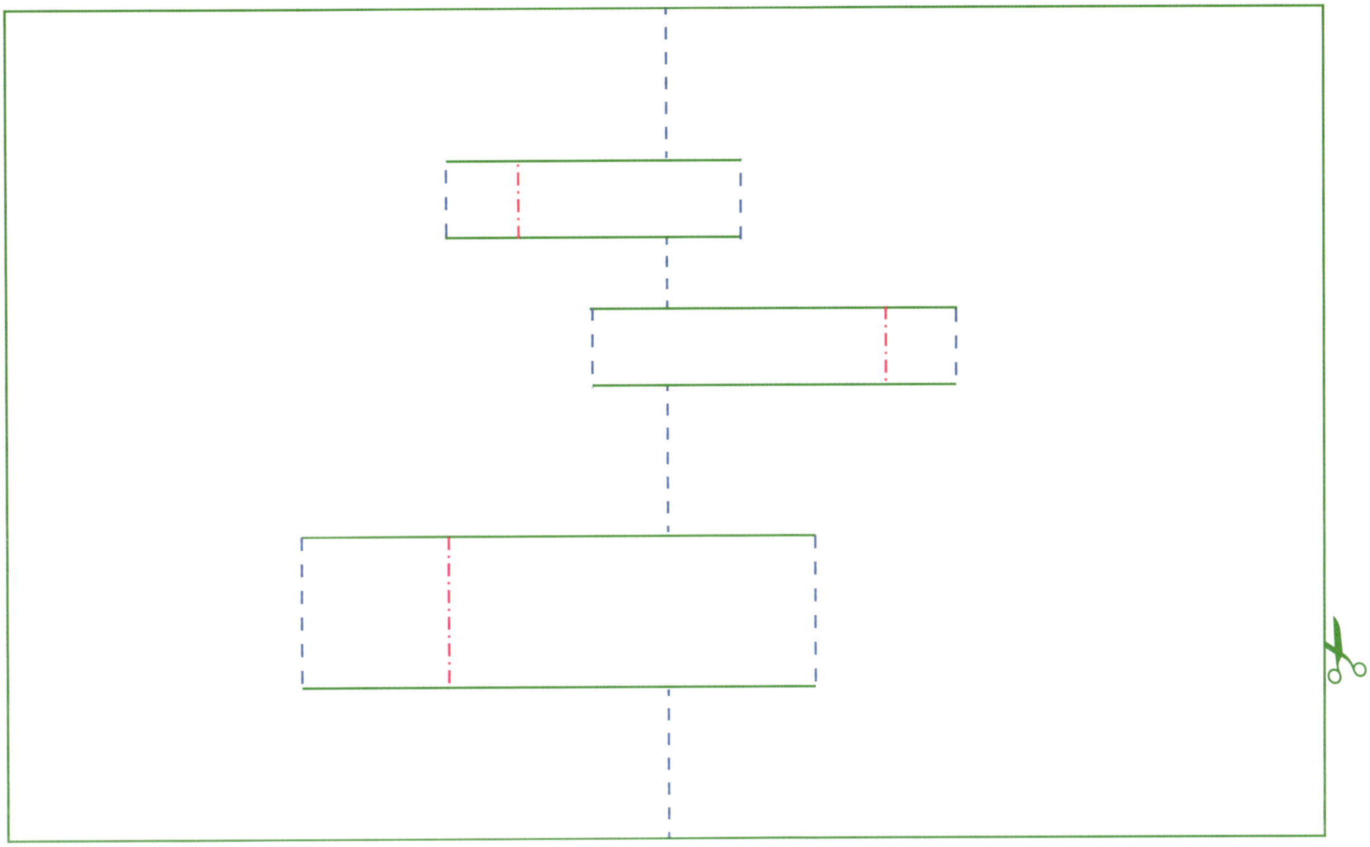

Kopiervorlage **PARALLEL-MECHANISMUS 2: EINGESCHNITTEN**

Die Schnitte selbst müssen übrigens nicht gerade oder parallel sein, sondern können Formen haben – du könntest zum Beispiel den Eiffelturm ausschneiden.

Diesen Mechanismus kannst du auch noch nachträglich dekorieren und anmalen, da er sich im aufgeklappten Zustand ganz flach legt!

DER PARALLEL-MECHANISMUS

EINGESCHNITTEN

Wenn du den Umgang mit Geodreieck und Cutter gut beherrschst (Seite 67ff. und 55ff.), dann kannst du das rechteckige Kästchen auch in die Karte einschneiden. Das Prinzip bleibt das gleiche: a muss so lang wie a sein und b so lang wie b. Du darfst hierbei die Karte nicht sofort in der Mitte falten, sondern musst erst einmal die Faltlinien vorrillen (siehe Seite 13).

Du kannst dir zum Üben wieder eine Vorlage (siehe Seite 49) kopieren oder ausdrucken.

DU BRAUCHST:

- festes Papier, ca. 160g/m², im Format DIN A5
- Bleistift
- Geodreieck
- Stricknadel
- Cutter
- Schneidematte
- Stifte/Collagenmaterial

UND SO GEHT'S:

1 Markiere mit Bleistift die Mittellinie auf dem Papier, aber falte das Papier noch nicht!

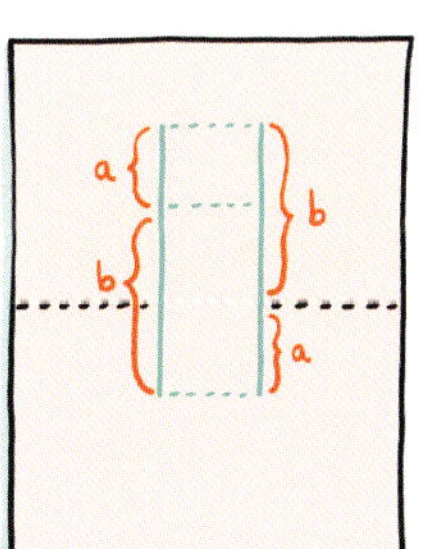

2 Konstruiere mit Bleistift und Geodreieck den Mechanismus. Hierbei gilt, wie auf der Zeichnung zu sehen: a=a und b=b.

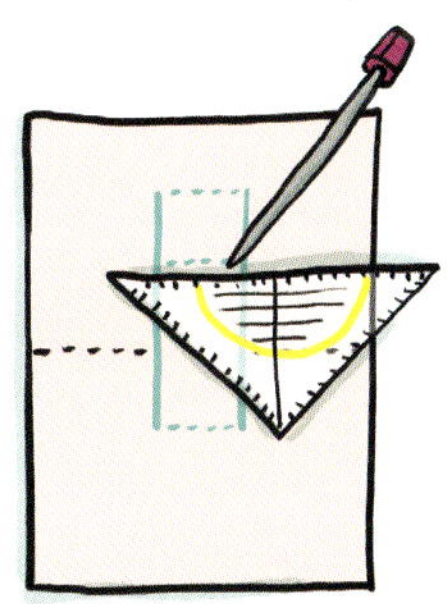

3 Rille die Falzlinien mit der Stricknadel an einem Lineal entlang vor (siehe Seite 13).

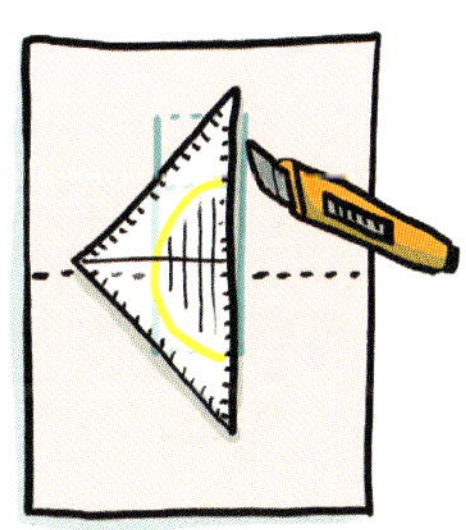

4 Schneide entlang der beiden langen Linien mit dem Cutter zwei Schnitte in das Papier.

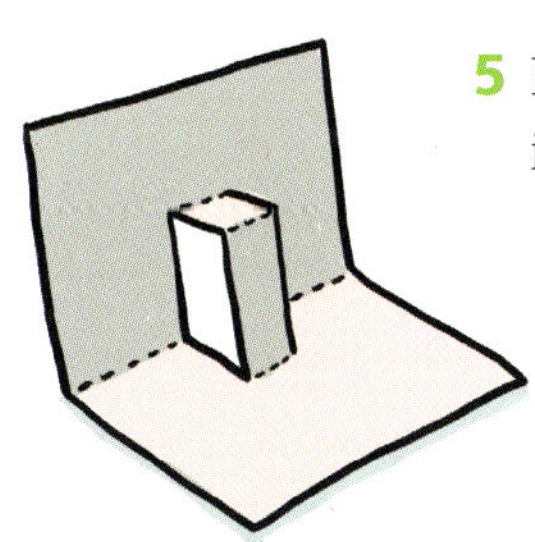

5 Bring die Karte vorsichtig in Form.

WIR!

ROSI

MIT PARALLELEN VARIANTEN

Mit diesen Parallel-Mechanismen kannst du nun herumprobieren:

… Befestige eine zweite Parallel-Ebene an die erste Ebene.

… Klebe eine dritte und vierte Ebene an die zweite – wie viele schaffst du noch?

… Schneide verschiedene Ebenen in die Karte ein.

…Variiere die Abstände.

… Kombiniere das schräge Kästchen von Seite 62 f. mit den geraden Kästchen.

Und wenn deine Pop-ups aus Versehen nicht mehr in die geschlossene Karte passen: Klebe einfach Papier drumherum (siehe SOS-Tipps auf Seite 138 f.)!

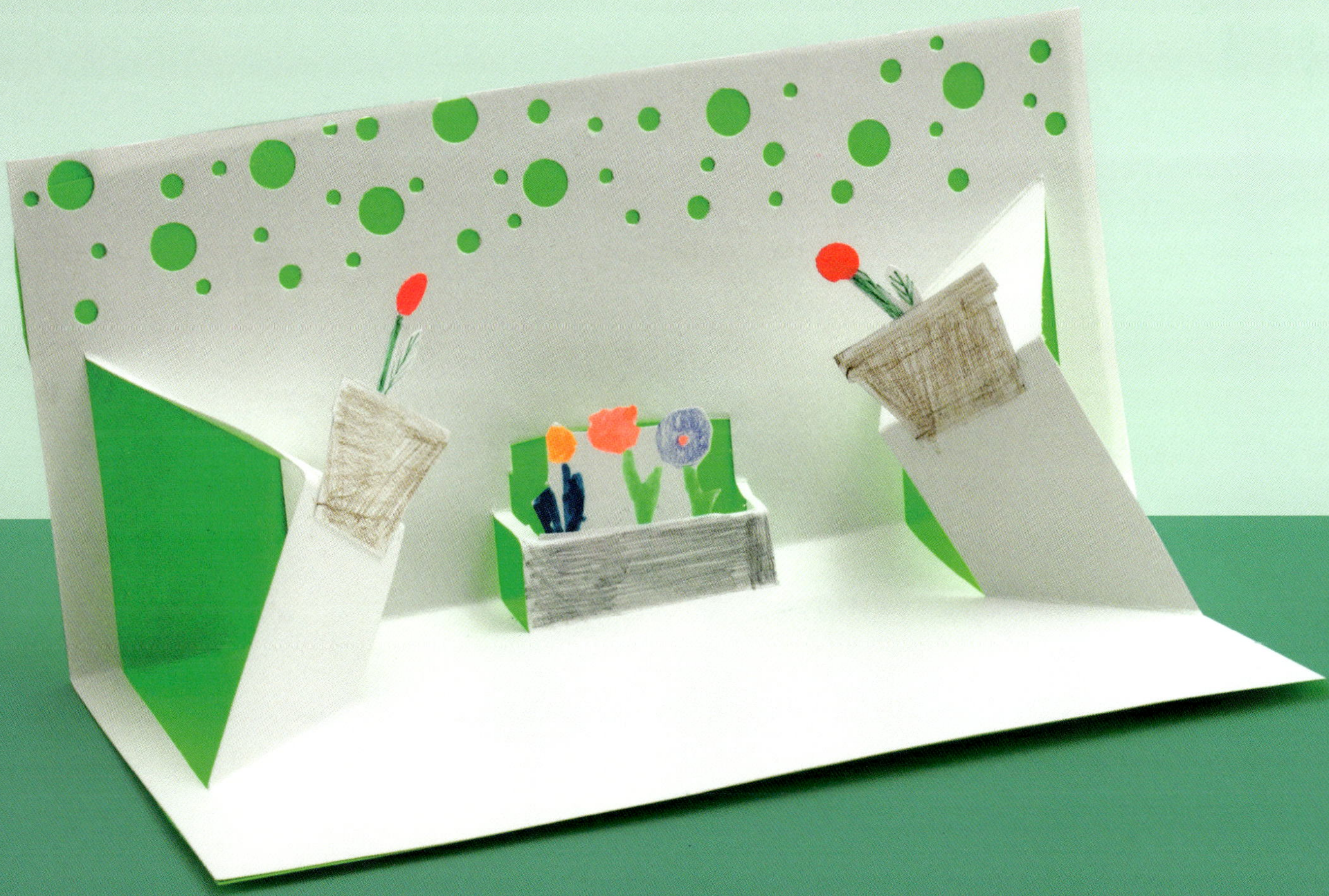

SCHNEIDEN MIT DEM CUTTER

Wer mit einem Cutter umgehen kann, hat es gut! Denn mit einem solchen Schneidemesser lässt sich sauberer und „zippelfreier" schneiden als mit einer Schere. Vor allem Schlitze oder Löcher mitten ins Papier schneidet ein Cutter prima. Auch feste Pappe lässt sich damit viel besser als mit einer Schere bearbeiten.

DU BRAUCHST:

- kleinen Cutter mit Abbrechklinge
- Schneidematte
- kopierte Schneideübungen von Seite 58 einmal auf dünnerem Papier ($80 g/m^2$), einmal auf festerem Papier ($160 g/m^2$)

Das Schneiden mit so einem Messer muss man aber erst einmal üben, denn die Klinge ist höllisch scharf. Es gibt ein paar sehr wichtige Regeln für das Schneiden mit dem Cutter. Dabei ist es – vor allem am Anfang – wichtig, dass ein Erwachsener in der Nähe ist. (Damit er dir zum Beispiel notfalls ein Pflaster verpassen kann ...)

Lies die Regeln gut durch, dann kannst du die Schneideübungen von Seite 58 kopieren oder ausdrucken. Wenn du alle Schneideübungen gut beherrschst, bist du reif für den Cutter-Führerschein (siehe Seite 61)!

Video-Anleitung Nr. 8

CUTTER-ÜBUNGEN

www.vonstemm.com/video-tutorials

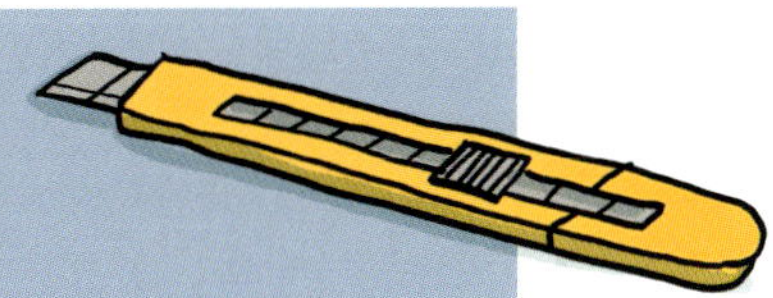

CUTTER-REGELN

- Wenn du mit einem Cutter schneidest, muss immer ein Erwachsener in der Nähe und informiert sein.
- Die Klinge muss immer SCHARF sein! Mit einer stumpfen Klinge rutscht man zu schnell ab, das ist gefährlich. Fahre die Klinge vorsichtig aus und brich sie mit einer Zange oder mit der Abbrechhilfe am Cuttergriff ab. Die abgebrochene Klinge darf nicht einfach so in den Müll geworfen werden. Entweder wickelst du sie in Papier oder sammelst sie in einer Dose.
- Es wird IMMER auf einer Unterlage geschnitten. Wenn du das nicht tust, sieht dein Tisch ganz schnell aus wie ein altes Frühstücksbrett. Am allerbesten funktioniert eine Schneidematte, notfalls genügt ein Stück Graupappe.
- Zum Schneiden schiebst du die Klinge nur ein paar Millimeter aus dem Griff heraus. Nach dem Schneiden schiebst du die Klinge wieder in den Griff. NIEMALS wird mit dem offenen Cutter herumgefuchtelt.

UND SO GEHT'S:

1 Schiebe die Klinge des Cutters ein paar Millimeter heraus und sperre sie, sodass sie nicht mehr hineinrutschen kann.

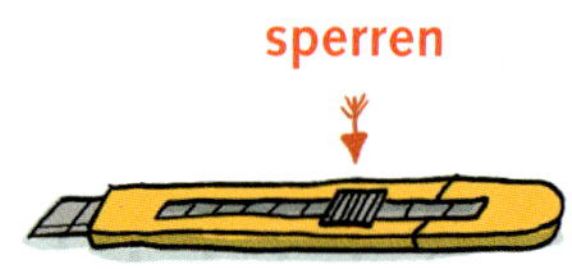

2 Lege zuerst das dünnere Papier mit den Schneideübungen auf die Schneidematte. Drehe das Papier so, dass der erste Schnitt schräg weg von deinem Körper zeigt, und presse das Papier mit der flachen Hand auf die Schneidematte. Pass auf, dass deine Finger in Sicherheit sind!

3 Halte den Cutter so, als wäre er ein Besteckmesser: Der Zeigefinger liegt obenauf. Jetzt schneide los. Halte dabei die Cutterklinge relativ flach, so als würdest du auf einem Teller ein Spiegelei zerschneiden. Beim Schneiden ziehst du den Cutter mit dem ganzen Arm, nicht nur mit dem Handgelenk. Dein Ellenbogen „führt" die Bewegung. Deshalb musst du das Papier zwischen den Schnitten immer wieder in die richtige Richtung drehen.

4 Schneide so Linie für Linie bei allen Übungen. Wenn du alles mit dem dünnen Papier hinbekommst, kannst du mit dem dickeren Papier weiterüben.

SPEZIALÜBUNG: LÖCHER!

Löcher kannst du entweder mit einem Cutter ausschneiden oder mit einer spitzen Schere. Hierfür gibt es einen Trick:

1 Lege ein Stück Schaumstoff oder Filz unter das Papier.

2 Pikse ein kleineres Loch mitten in den Ausschnitt.

3 Schneide von hier aus das Loch aus.

1. ÜBUNG: GERADE SCHNITTE

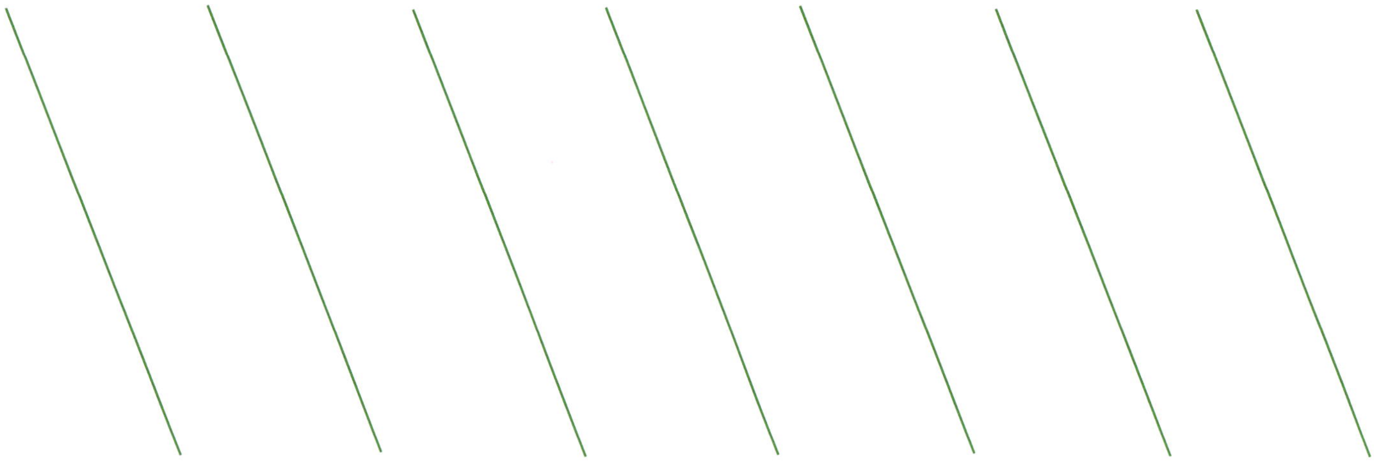

2. ÜBUNG: ZACKEN – Du kannst die Dreiecke hochfalten, wenn du fertig bist.

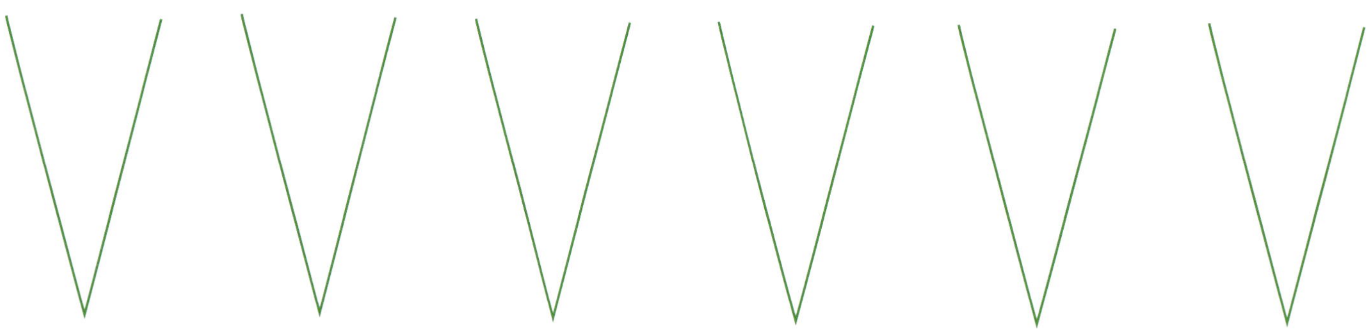

3. ÜBUNG: DOPPELZACKEN – Falte wieder hoch.

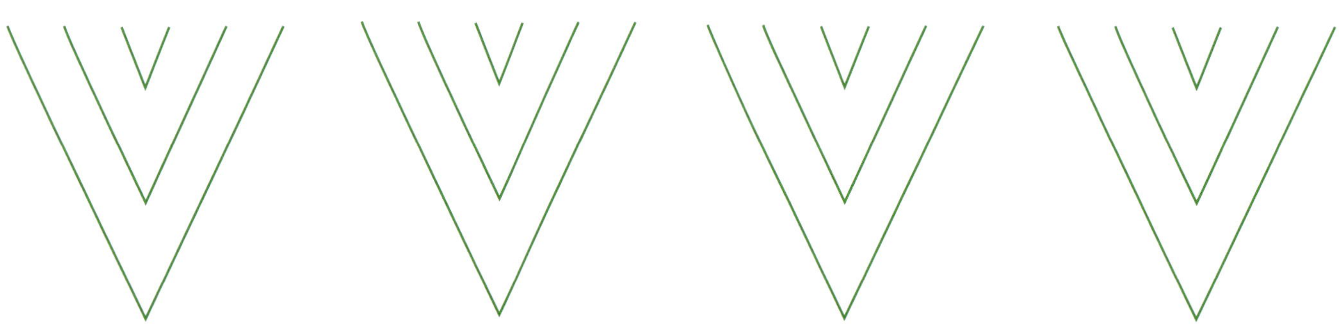

4. ÜBUNG: STERNE – Falte die Zacken auf, wenn du magst.

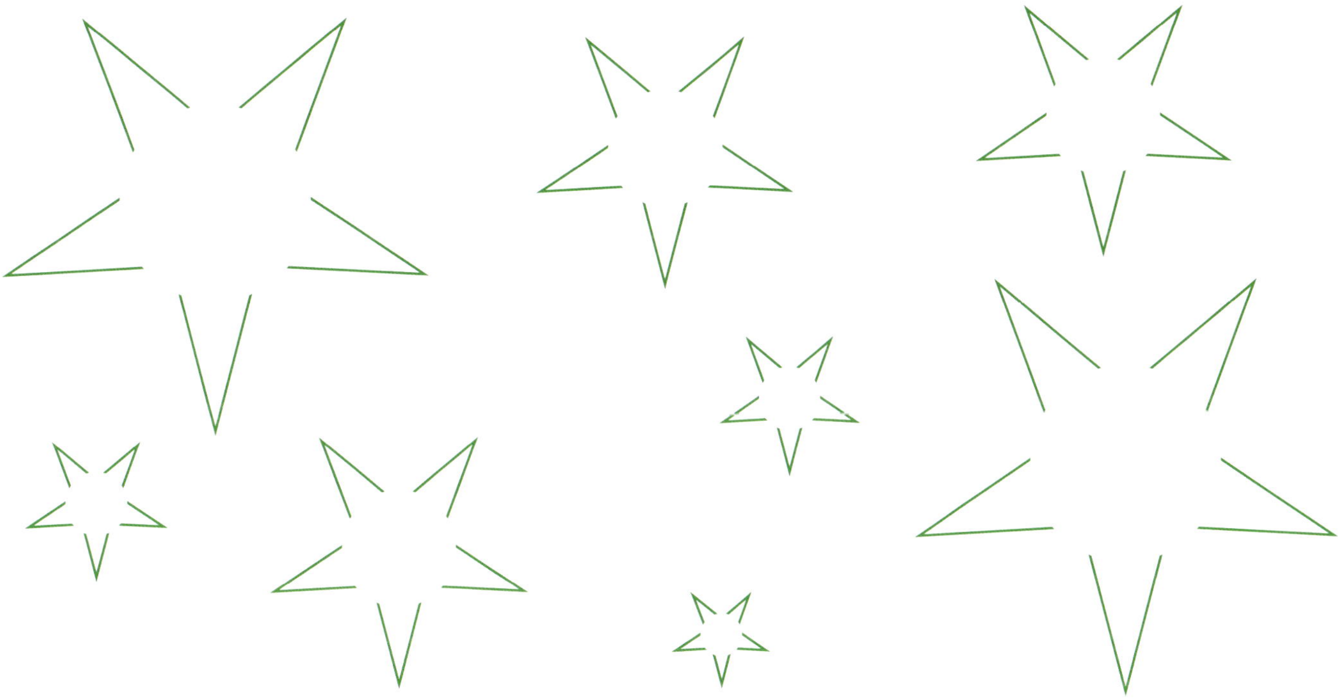

5. ÜBUNG: FENSTER UND TÜREN – Falte wieder auf.

6. ÜBUNG: BÖGEN – Falte die Halbkreise um.

7. ÜBUNG: MEHRFACHBÖGEN – Falte wieder um.

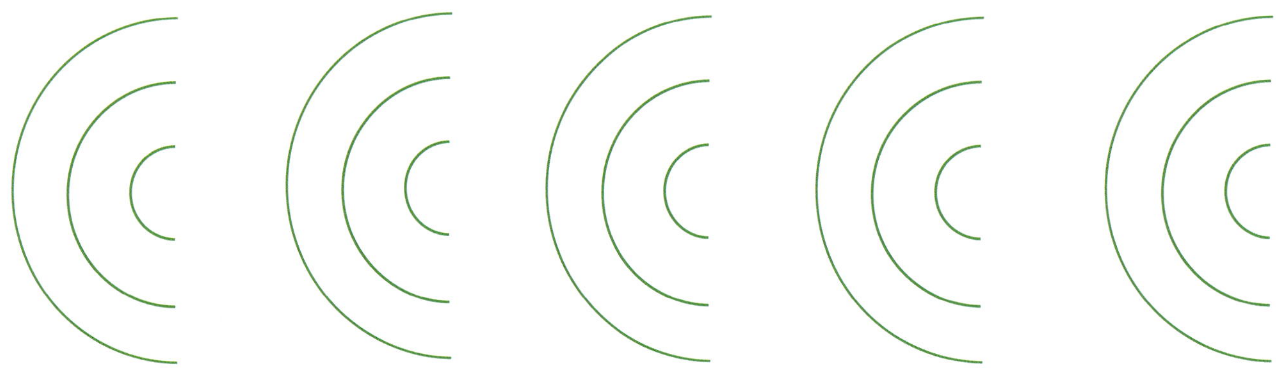

8. ÜBUNG: LÖCHER. Das schaffst du auch!

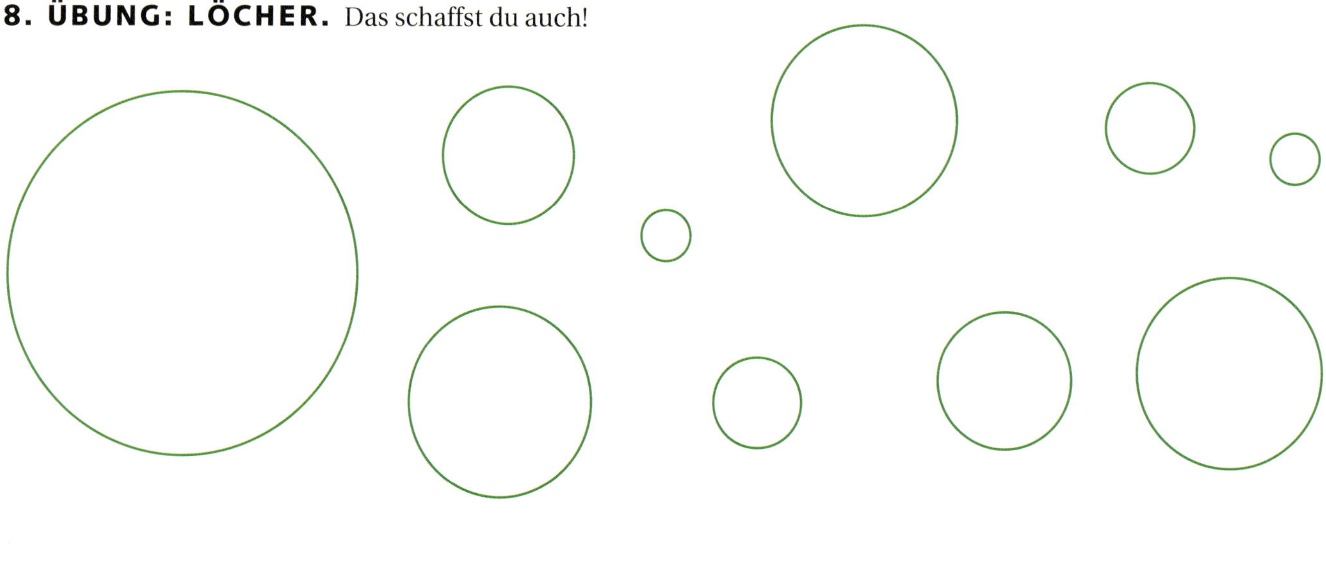

CUTTER-FÜHRERSCHEIN

Kannst du alle Schneideübungen auf verschiedenen Papierstärken gut schneiden und beherrschst du die Cutter-Regeln im Schlaf? Dann bist du reif für den Cutter-Führerschein! Suche dir hierfür wieder einen Erwachsenen, dem du deine Künste vorführst und bitte ihn, dir den Cutter-Führerschein auszustellen.

CUTTER-FÜHRERSCHEIN

Hiermit wird bestätigt, dass

(Bitte Foto einkleben
oder Gesicht einzeichnen)

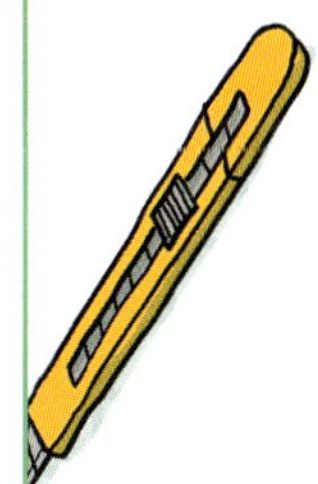

....

(Name des Kindes)

mithilfe des Buches „Die Pop-up-Werkstatt für Kiner" von Antje von Stemm die Cutter-Regeln gelernt und das Schneiden geübt hat.

....

(Ort, Datum)

....

(Name des vertrauenswürdigen Erwachsenen)

WARUM DENN IMMER GERADE?

DAS SCHRÄGE KÄSTCHEN

Dieses schräge Kästchen funktioniert ganz ähnlich wie der gerade Parallel-Mechanismus von Seite 46. Der einzige Unterschied ist, dass das Kästchen keine rechten Winkel hat, sondern schräg steht. Die gegenüberliegenden Seiten haben immer die gleichen Winkel. Zum Üben kannst du dir erst einmal die Vorlage kopieren und damit basteln.

DU BRAUCHST:

- festes Papier, ca. 160g/m², im Format DIN A5
- Bleistift
- Geodreieck
- Radiergummi
- Stricknadel
- Cutter
- Schneidematte

Hast du keine Ahnung von Winkeln? Dann schau doch mal auf Seite 69 nach!

Du kannst den Mechanismus natürlich auch auf einem extra Bogen Papier konstruieren, mit Klebelaschen versehen und auf eine Seite kleben – klar, oder?

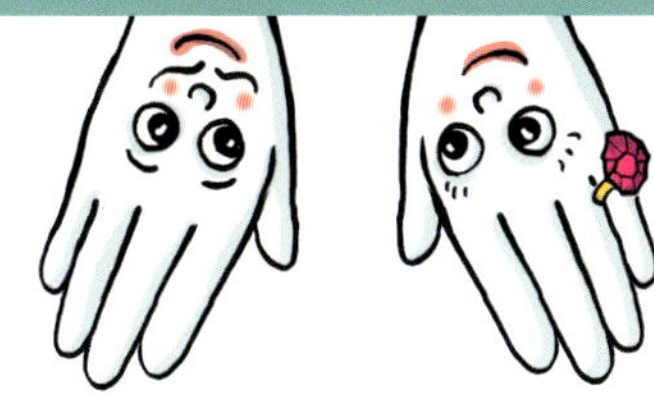

SO KONSTRUIERST DU DAS SCHRÄGE KÄSTCHEN:

1 Markiere mit Bleistift die Mittellinie auf dem Papier.

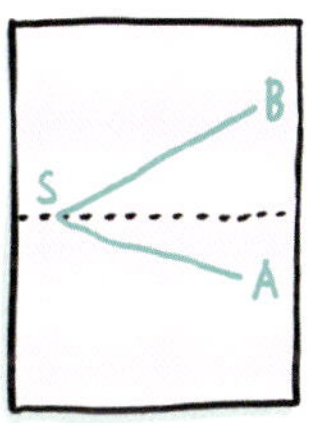

2 Zeichne mit zwei Linien A und B einen Winkel. Die Größe des Winkels ist egal, aber der Scheitelpunkt S muss auf der Mittellinie liegen.

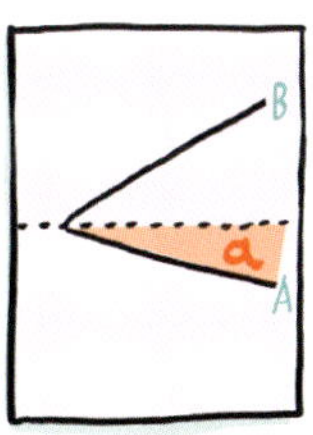

3 Miss mit dem Geodreieck den Winkel a von Linie A zur Mittellinie.

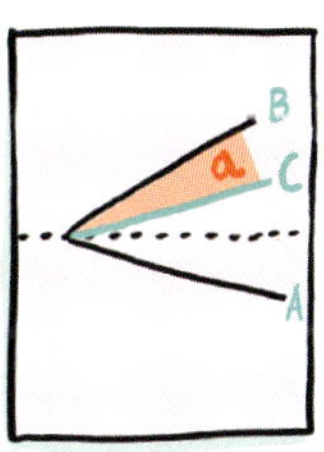

4 Miss den gleichen Winkel unterhalb der Linie B ab und zeichne eine Linie C ein: Das wird deine innere Faltlinie.

5 Zcichne die Schnittlinien ein: Sie brauchen nicht gerade zu sein, sondern können eine Form haben!

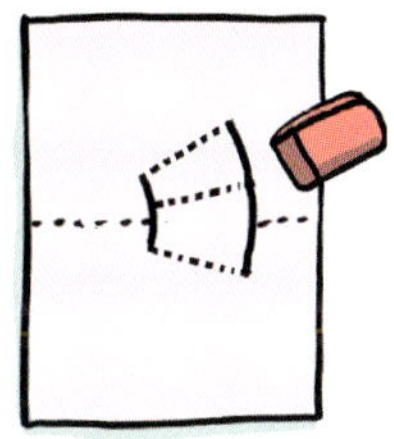

6 Radiere die Mittellinie im Winkel und die Linien außerhalb des schrägen Kästchens weg.

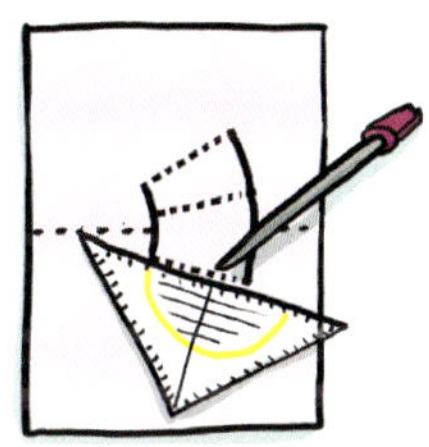

7 Ziehe die Falzlinien mit der Stricknadel an einem Lineal entlang nach (siehe „Vorrillen“ Seite 13).

8 Schneide die beiden Schnitte mit dem Cutter ein.

9 Faltc jctzt dic Karte und bringe das Pop-up in Form.

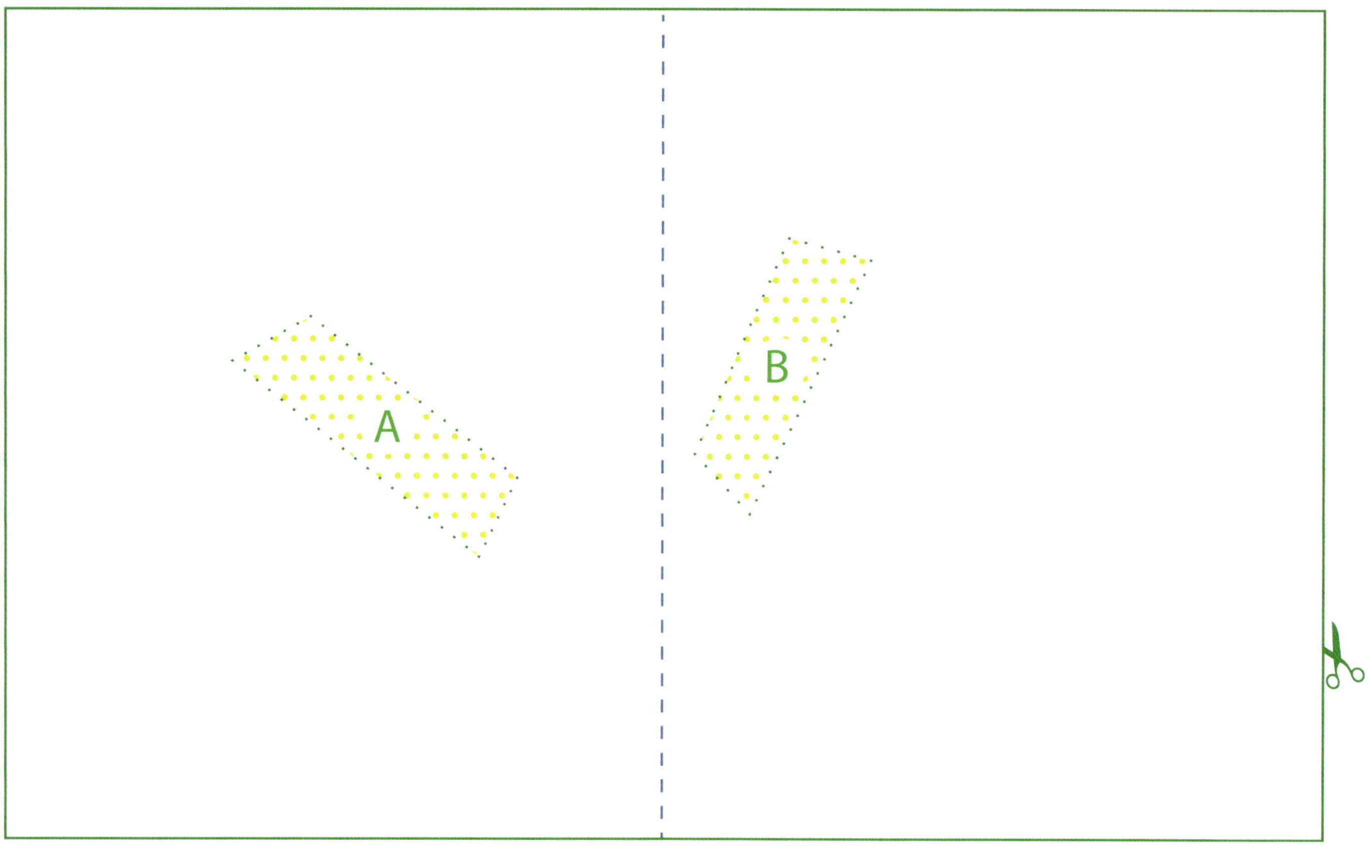

Basisteil

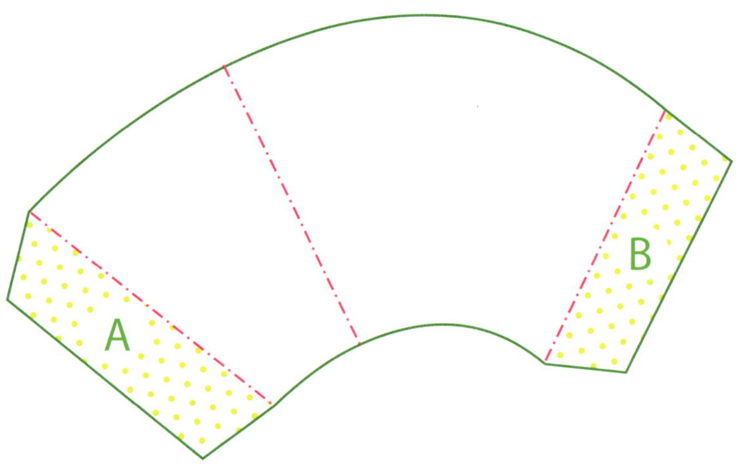

Pop-up-Teil

Kopiervorlage **SCHRÄGES KÄSTCHEN: AUFGEKLEBT**

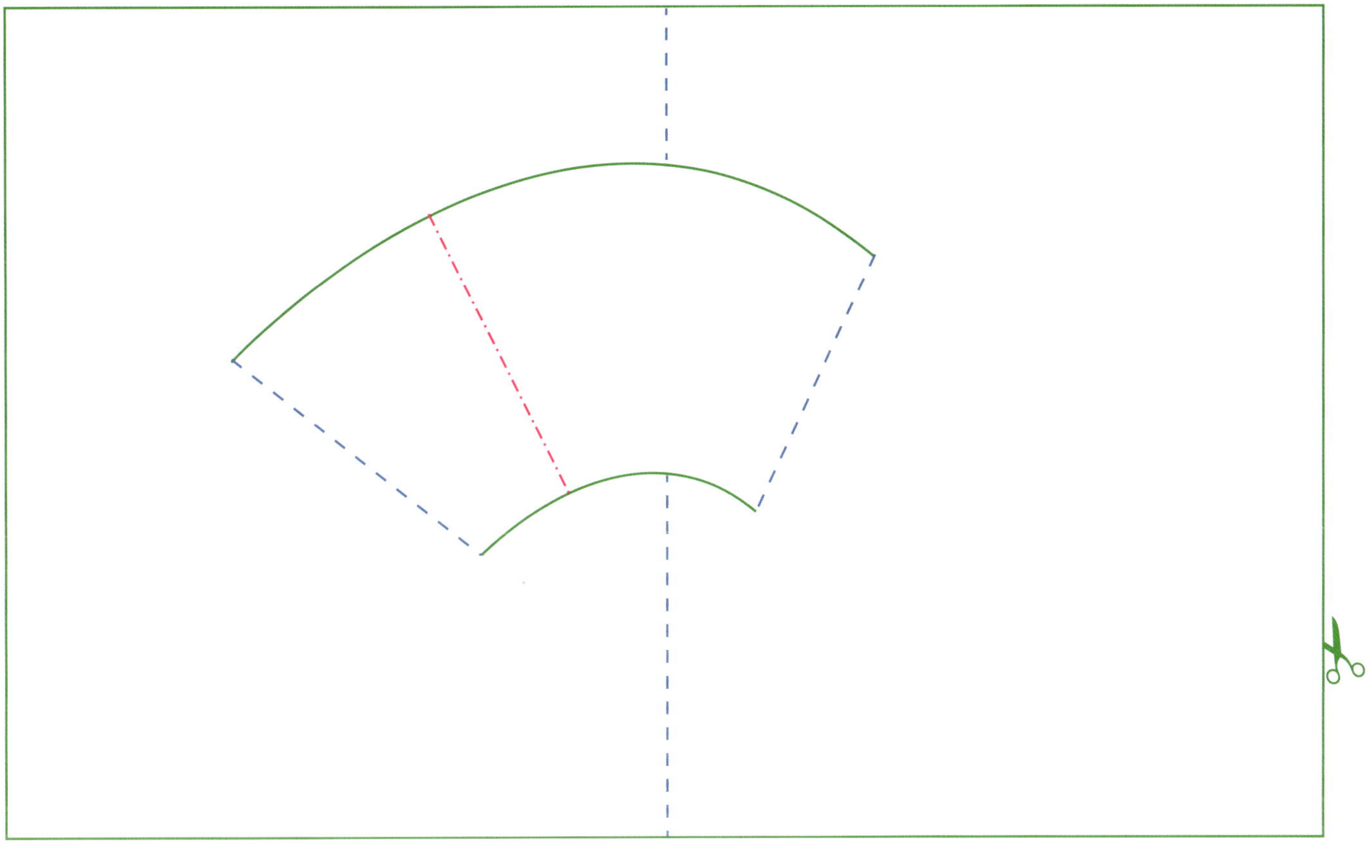

Kopiervorlage **SCHRÄGES KÄSTCHEN: EINGESCHNITTEN**

GEODREIECK-1X1

Dieses Gerät braucht man im normalen Leben ja nicht besonders oft, aber für das Entwerfen von Pop-ups kann es sehr praktisch sein! Und du hast es bestimmt schon gemerkt: Beim Konstruieren von Pop-ups hat man endlich einmal die Gelegenheit, seine Geometriekenntnisse aus der Schule anzuwenden …

DU BRAUCHST:

- Geodreieck
- Bleistift, gut gespitzt
- Radiergummi
- weißes und kariertes Papier zum Üben

SO SIEHT EIN GEODREIECK AUS:

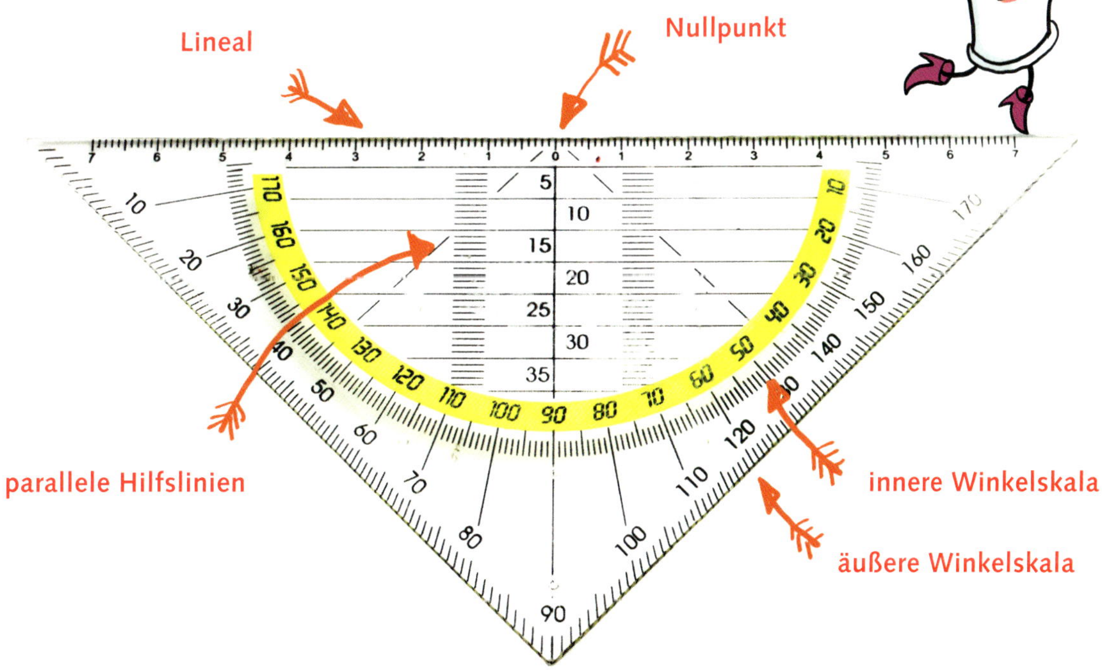

Man kann mit einem Geodreieck verschiedene Sachen machen:

MESSEN VON ABSTÄNDEN

An der langen Seite des Dreiecks befindet sich eine Zentimeterskala. Diese kannst du wie ein Lineal benutzen. In der Mitte sitzt der Nullpunkt und nach rechts und links verläuft die Skala – manchmal muss man also rechnen beim Messen …

PARALLELE LINIEN ZEICHNEN

Die Hilfslinien in der Mitte des Geodreiecks helfen dir dabei, parallele Linien zu zeichnen. Schiebe das Geodreieck so über die Linie, zu der die neue Linie parallel laufen soll, dass sie ganz genau unter einer der Hilfslinien liegt. Wichtig ist, dass die Linien im gleichen Abstand zueinander stehen, sonst wird's schief! Sollen die Linien einen größeren Abstand als 4 cm bekommen, musst du eine Zwischenlinie zeichnen.

MESSEN UND KONSTRUIEREN VON WINKELN

Winkel werden in Grad gemessen, das Zeichen dafür sieht so aus: °. Ein ganzer Kreis hat 360°, besteht also aus 360 kleinen, gleich großen Tortenstückchen. Ein halber Kreis hat dementsprechend 180° und ein Viertelkreis 90°.

90° bezeichnet man auch als „rechten Winkel". Alle Winkel, die kleiner sind als 90°, bezeichnet man als „spitze Winkel", alle Winkel, die größer sind, also zwischen 90° und 360° liegen, sind „stumpfe Winkel".

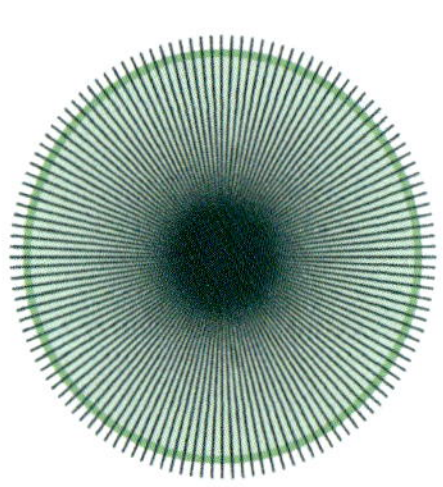

360°

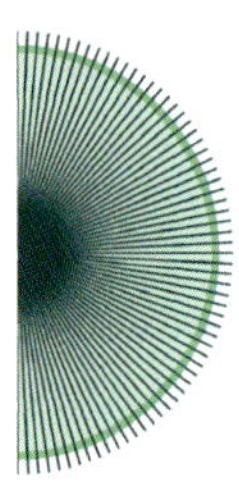

180°

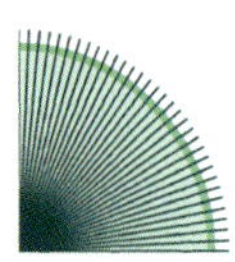

90°

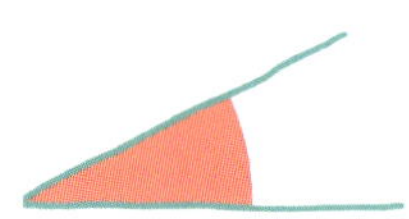

spitzer Winkel

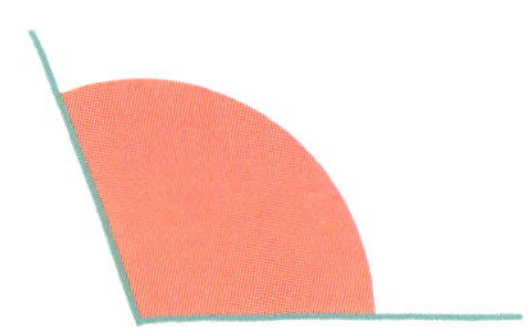

stumpfer Winkel

Der rechte Winkel ist der Lieblingswinkel der Menschen. So haben beispielsweise alle Ecken an gekauftem Papier und die meisten Häuserecken 90°-Winkel.

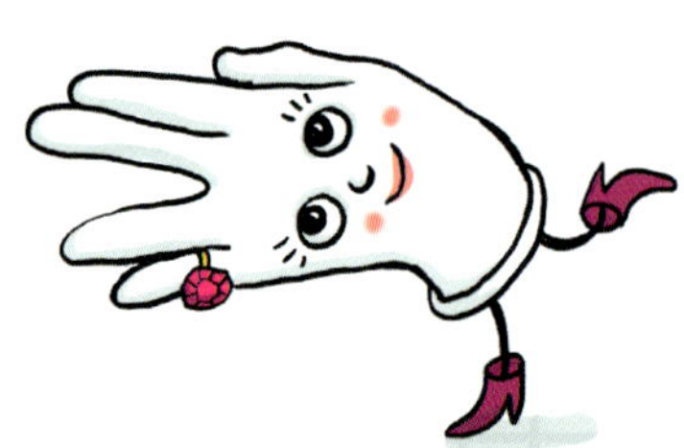

Für etwas kompliziertere Pop-ups brauchst du manchmal Faltungen mit genauen Winkeln. Diese konstruierst du mithilfe des Geodreiecks.

SO KONSTRUIERST DU ZUM BEISPIEL EINEN WINKEL VON 60°:

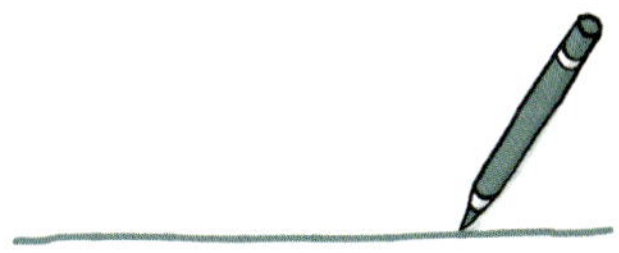

1 Zeichne eine Linie auf dein Übungsblatt.

2 Lege einen Scheitelpunkt für deinen Winkel fest. Mache hierfür irgendwo links auf deiner Linie ein kleines Kreuz.

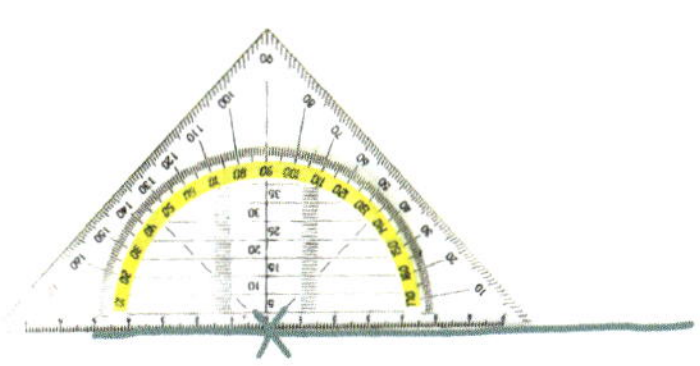

3 Lege die Zentimeterskala des Geodreiecks an die Linie, sodass das Dreieck nach oben zeigt. Der Nullpunkt liegt genau auf dem Scheitelpunktkreuzchen.

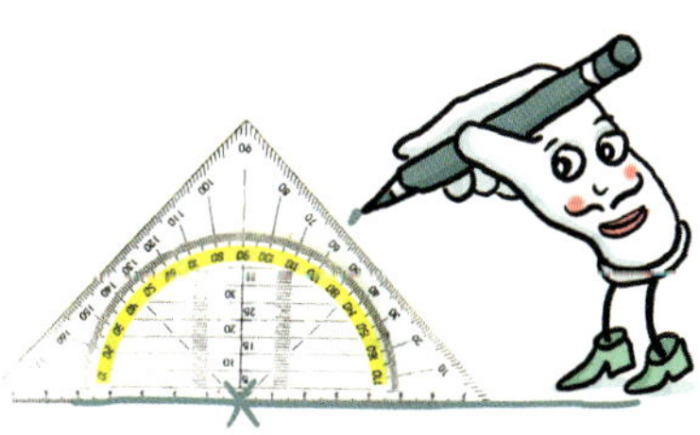

4 Wandere mit deinem Zeigefinger von der Linie aus die rechte, halbrunde Skala entlang hinauf, bis du bei 60° ankommst. Mache genau dort eine Bleistiftmarkierung auf dem Papier.

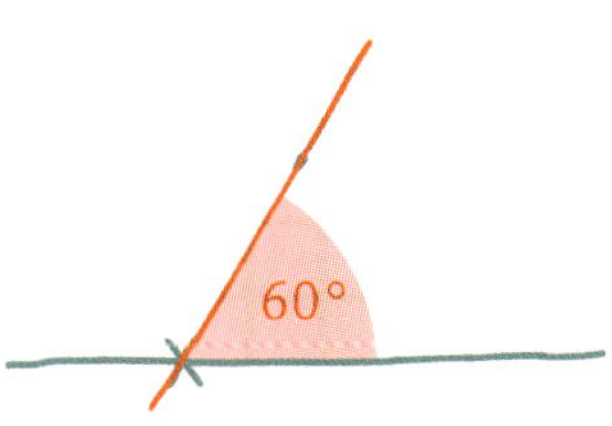

5 Zeichne eine Linie vom Scheitelpunkt bis zur Markierung. Wenn du alles richtig gemacht hast, sollte es wie in der Zeichnung links ausschauen.

Wenn du dich weiter üben möchtest, dann miss doch mal aus, wie viel Grad diese Winkel hier haben:

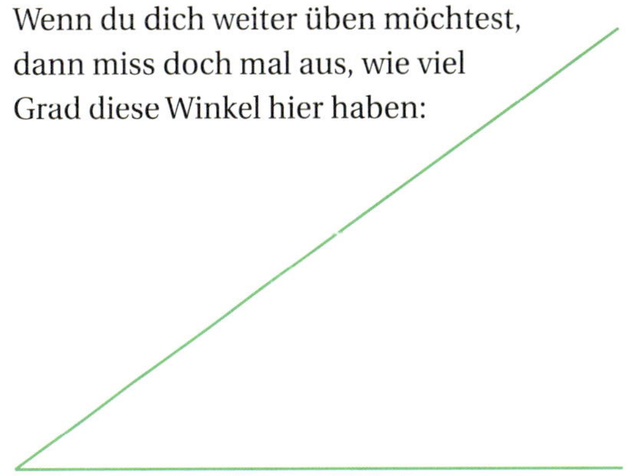

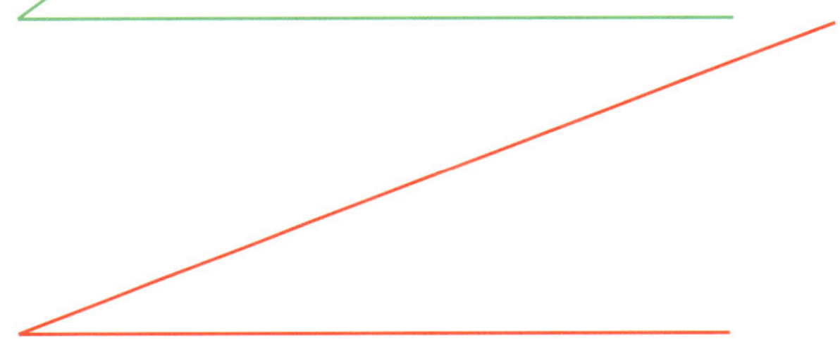

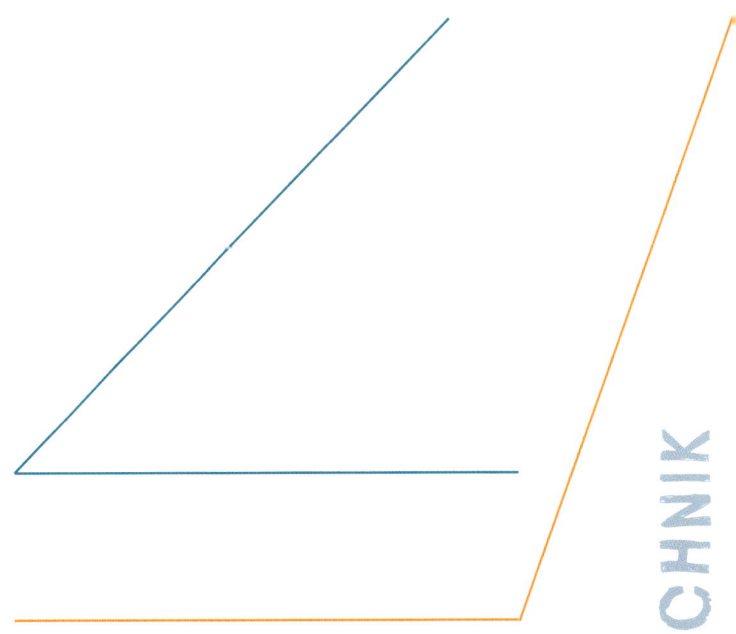

Lösung: 35° / 20° / 45° / 110°

AUFGEPASST –

DAS SCHNAPPMAUL

EINSTEIGER-POP-UP

SCHNAPPT ZU!

Hier kommt die nächste Pop-up-Technik: Zuerst beginnst du wieder ganz einfach, dann kannst du den Grundmechanismus abwandeln. Und später lässt sich diese Technik für ganz andere Ideen einsetzen – wenn du dir Pop-up-Bücher genau anschaust, wirst du dich wundern, wo du diese Technik überall wiedererkennst …

DU BRAUCHST:

- festes Papier, 160g/m², im Format DIN A5
- Schere

Das Schnappmaul können auch ganz kleine Kinder basteln!

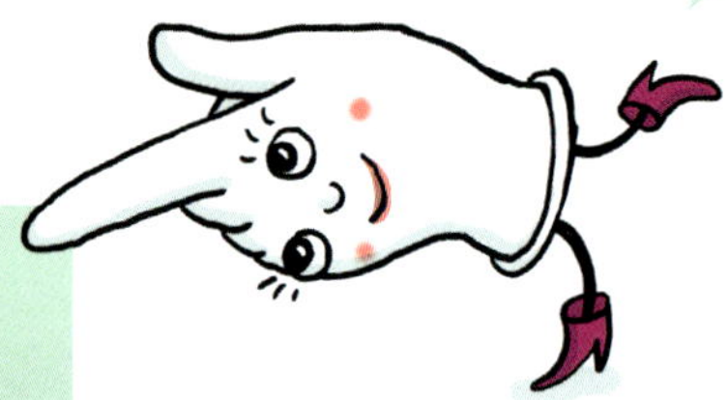

Video-Anleitung Nr. 3

DAS SCHNAPPMAUL

www.vonstemm.com/video-tutorials

UND SO GEHT'S:

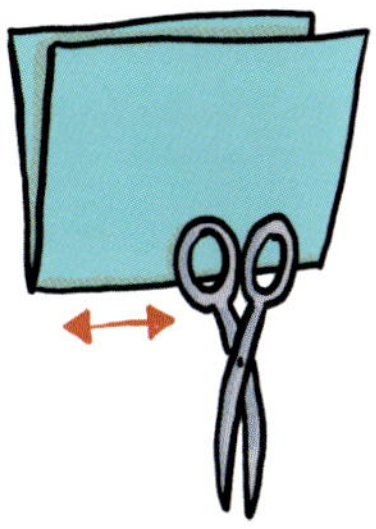

1 Falte das Papier zur Hälfte, ziehe die Kante mit deinem Fingernagel oder dem Scherengriff scharf nach.

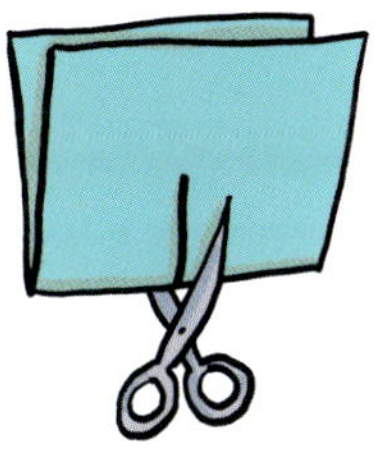

2 Schneide von der geschlossenen Seite aus etwa bis zur Mitte einen Schlitz in das Papier. Jetzt ähnelt es einer kleinen, dicken Hose.

3 Falte ein „Hosenbein" von der Mitte aus schräg zu einem Dreieck hoch und ziehe die Kante mit dem Fingernagel scharf nach.

4 Wiederhole das mit dem anderen „Hosenbein".

5 Falte die Dreiecke wieder zurück und wende das Papier.

6 Knicke die Ecken auch auf dieser Seite um, ziehe die Kanten nach und falte sie zurück.

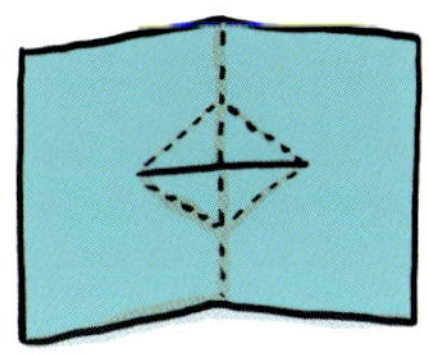

7 Öffne das Papier wieder und lege es quer vor dich.

8 Schließe die Seite wieder, stecke dabei deine Finger von außen in den Schlitz, drücke das „Maul" nach innen und falte es auseinander.

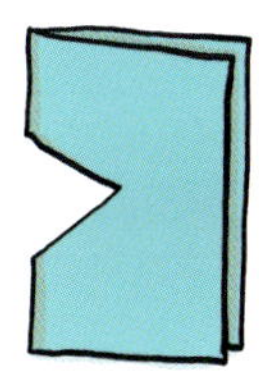

9 Von außen sieht die Klappkarte jetzt so aus. Ziehe die Kanten noch einmal nach.

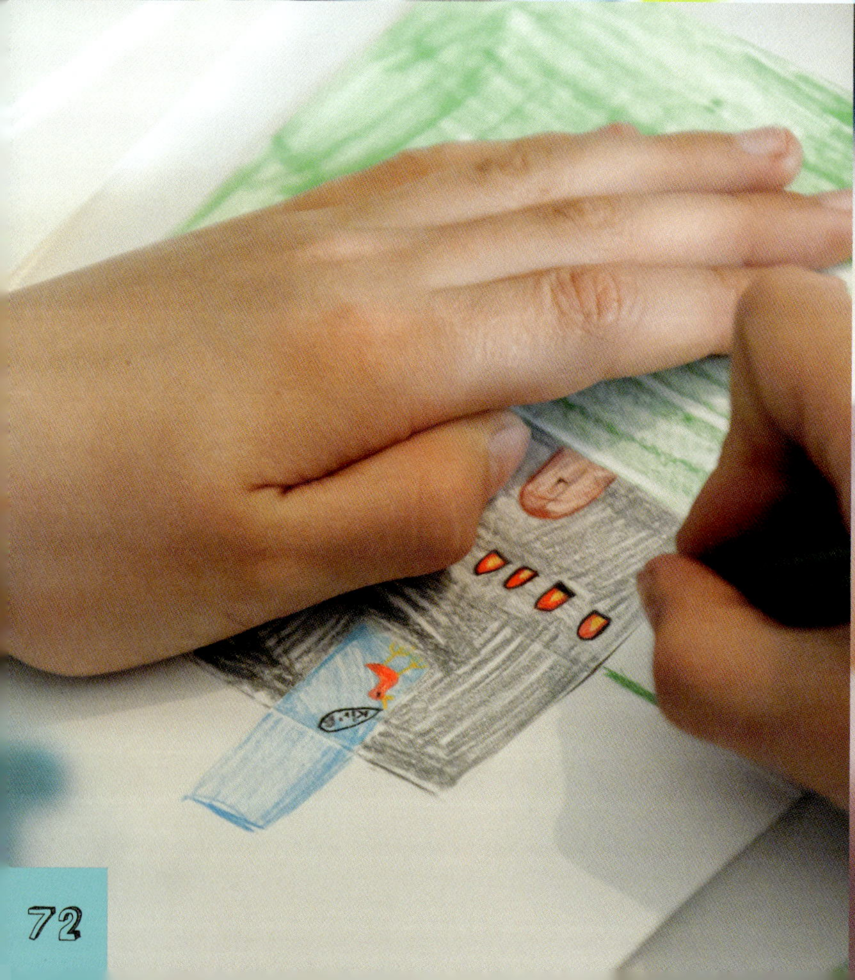

GUCK MAL:

DAS SCHNAPPMAUL SCHAUT DICH AN

Die Schnappmaul-Grundform sieht ja noch ziemlich simpel und brav aus. Du kannst dem Schnappmaul mehr Ausdruck verschaffen, indem du Augen hinzufügst. Dafür gibt es zwei Möglichkeiten: Für die Augenvariante 1 machst du zwei kleine Pop-up-Kästchen und malst oder klebst Extra-Augen darauf. Diese Augen sind immer geöffnet. Die Augenvariante 2 sind eigentlich zwei Mini-Schnappmäuler – sie gehen beim Öffnen der Karte zu!

SO GEHT AUGENVARIANTE 1:

1 Schneide von der Rückseite der Schnappmaulkarte zwei kurze Schlitze nebeneinander in die obere Lage des nach innen gefalteten Dreiecks.

2 Knicke den kleinen Steg nach oben und ziehe die Kante scharf nach.

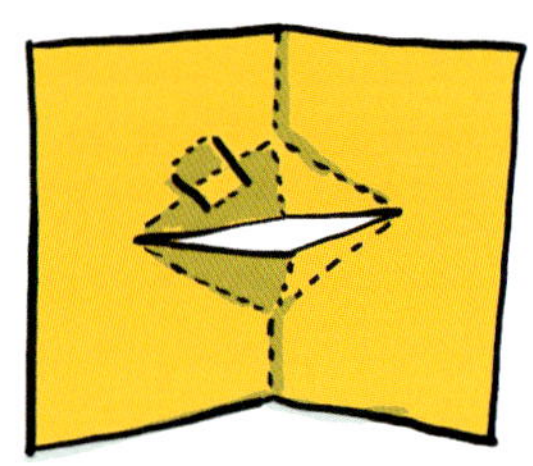

3 Falte den Steg wieder zurück und öffne die Seite.

4 Schließe die Seite wieder und drücke dabei von außen mit den Fingern den Steg in die Karte hinein, sodass innen ein kleines Kästchen entsteht.

5 Alle Kanten von außen nachziehen, damit sich das Papier flach legt.

6 Wiederhole das Ganze für das andere Auge.

7 Zeichne zwei Augen auf ein Blatt Papier, schneide sie aus und klebe sie an die kleinen Pop-up-Kästchen.

SO GEHT AUGENVARIANTE 2:

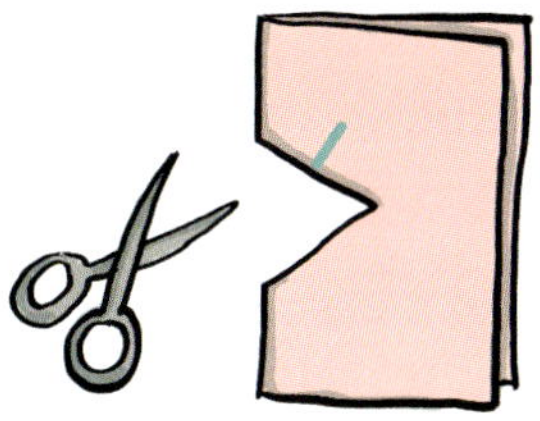
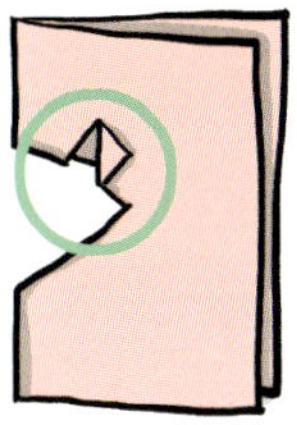
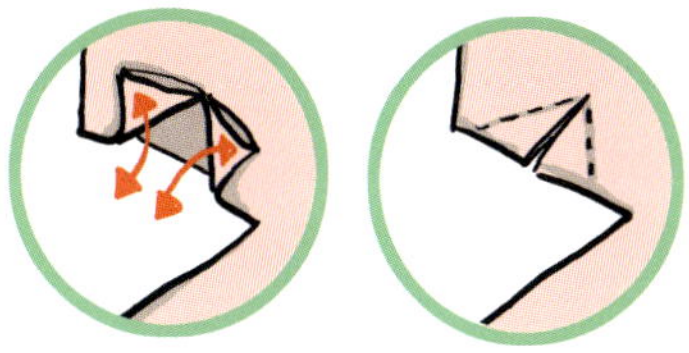
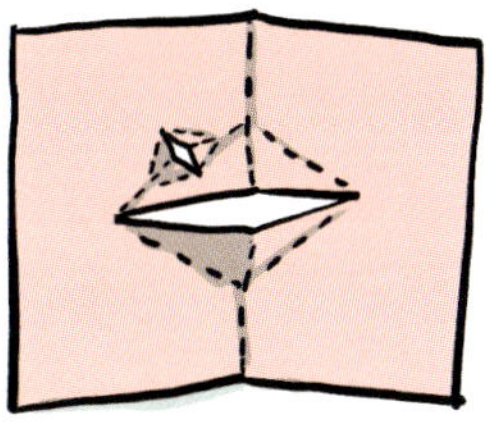

1 Schneide von der Rückseite der Schnappmaulkarte einen kurzen Schlitz in die obere Lage des nach innen gefalteten Dreiecks.

2 Verfahre wie beim großen Schnappmaul auf Seite 71: Eine Seite neben dem Schlitz schräg zu einem Dreieck hochfalten und die Kante mit dem Fingernagel nachziehen.

3 Mit der anderen Seite wiederholen. Die Dreiecke wieder zurückfalten.

4 Öffne die Seite.

5 Die geöffnete Seite wieder schließen, dabei deine Finger von außen in den kleinen Schlitz stecken, das Schnappmaul-Auge nach innen drücken und auseinanderfalten.

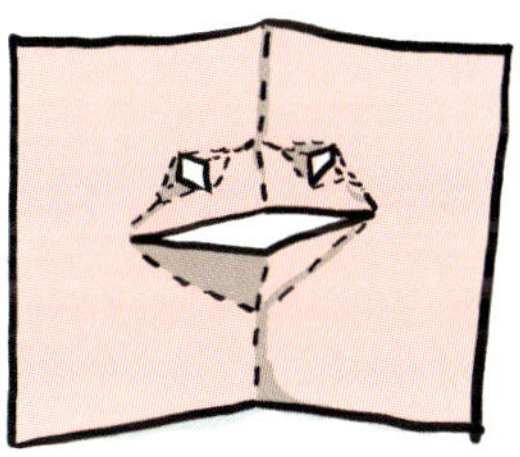

6 Mit der anderen Gesichtshälfte wiederholen, sodass dein Schnappmaul zwei Augen bekommt.

7 Alle Kanten von außen nachziehen, damit sich das Papier flach legt.

Video-Anleitung Nr. 4

SCHNAPPMAUL-AUGEN 1

www.vonstemm.com/video-tutorials

Video-Anleitung Nr. 5

SCHNAPPMAUL-AUGEN 2

www.vonstemm.com/video-tutorials

EXPERIMENTE

MIT DEM SCHNAPPMAUL

Braucht dein Schnappmaul trotz der Augen noch mehr Ausdruck? Dann probiere doch mal folgende Ideen aus:

… Verziere die Augen mit langen Wimpern.

… Klebe spitze oder runde Zähne ins Maul.

… Befestige Lippen am Maul.

…Verpasse dem Schnappmaul eine Brille.

…Verschönere es mit einer Frisur.

… Lass eine Zunge aus dem Mund wachsen – eventuell mit der Spiraltechnik von Seite 102.

… Soll dein Schnappmaul etwas verschlucken? Vielleicht klebst du ihm ein schönes Bild in den Mund?

… Könnte dein Schnappmaul noch Ohren gebrauchen? Da fällt dir bestimmt etwas ein …

HUNGER!!!!

DAS SCHNAPPMAUL VERWANDELT SICH

EINSTEIGER-POP-UP

Auch den Schnappmaul-Mechanismus kannst du, wie das Pop-up-Kästchen, als Grundlage für ein anderes Motiv verwenden. Am besten geht das, wenn du nur ein halbes Schnappmaul etwas weiter oben in die Seite machst. Dann kannst du ausgeschnittene Motive an das aufklappende Dreieck kleben und deine Bilder stehen auf, sobald du die Karte öffnest. Auf diese Weise kannst du zum Beispiel Arme, Werkzeug oder Fahnen winken lassen! Hast du noch mehr Ideen?

DU BRAUCHST:

- festes Papier, 160g/m², im Format DIN A5 und DIN A6
- Schere
- Bleistift
- Buntstifte, Filzstifte oder Collagenmaterial
- flüssigen Klebstoff

ZUERST BEREITEST DU DIE BASISSEITE VOR:

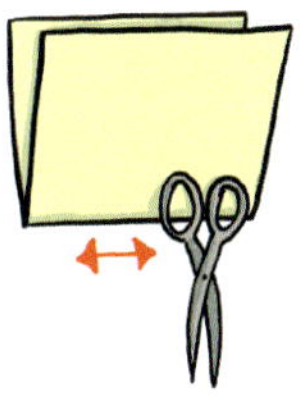

1 Falte das größere Papier (DIN A5) zur Hälfte und ziehe die Kante scharf nach.

2 Schneide von der geschlossenen Seite aus etwa 3 cm von der oberen Kante entfernt einen etwa 6 cm langen Schlitz in das Papier. *

3 Falte die breitere Seite des Papiers vom Schnitt aus schräg zu einem Dreieck hoch und ziehe die Kante mit dem Fingernagel scharf nach.

4 Falte das Dreieck zurück, wende die Basisseite und falte das Dreieck noch einmal in die andere Richtung.

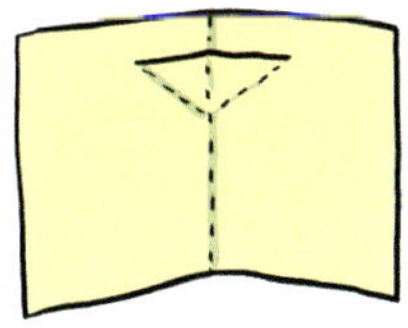

5 Dreieck zurückfalten und die Seite wieder öffnen.

6 Schließe die geöffnete Seite wieder, stecke dabei deine Finger von außen in den Schlitz, drücke das Dreieck nach innen und falte es auseinander.

7 Streiche die geschlossene Basisseite von außen glatt.

*** Der Schlitz kann auch krumm sein, probiere ruhig ein bisschen herum!**

*** Das sind nur ungefähre Zentimeterangaben fürs Üben – du musst nichts ausmessen, wenn du nicht willst.**

DANN BASTELST DU DAS POP-UP:

1 Damit das Pop-up später nicht herausragt, lege das kleinere Stück Papier (DIN A6) flach an eine der beiden Dreieckskanten und klappe die Seite zu.

2 Markiere, wo das Papier aus der Basisseite ragt und schneide alles Überstehende ab.

3 Zeichne dein Motiv auf das restliche Papier und schneide es aus.

4 Klebe das Motiv an das Kästchen.

5 Verziere den Hintergrund, wie es dir gefällt.

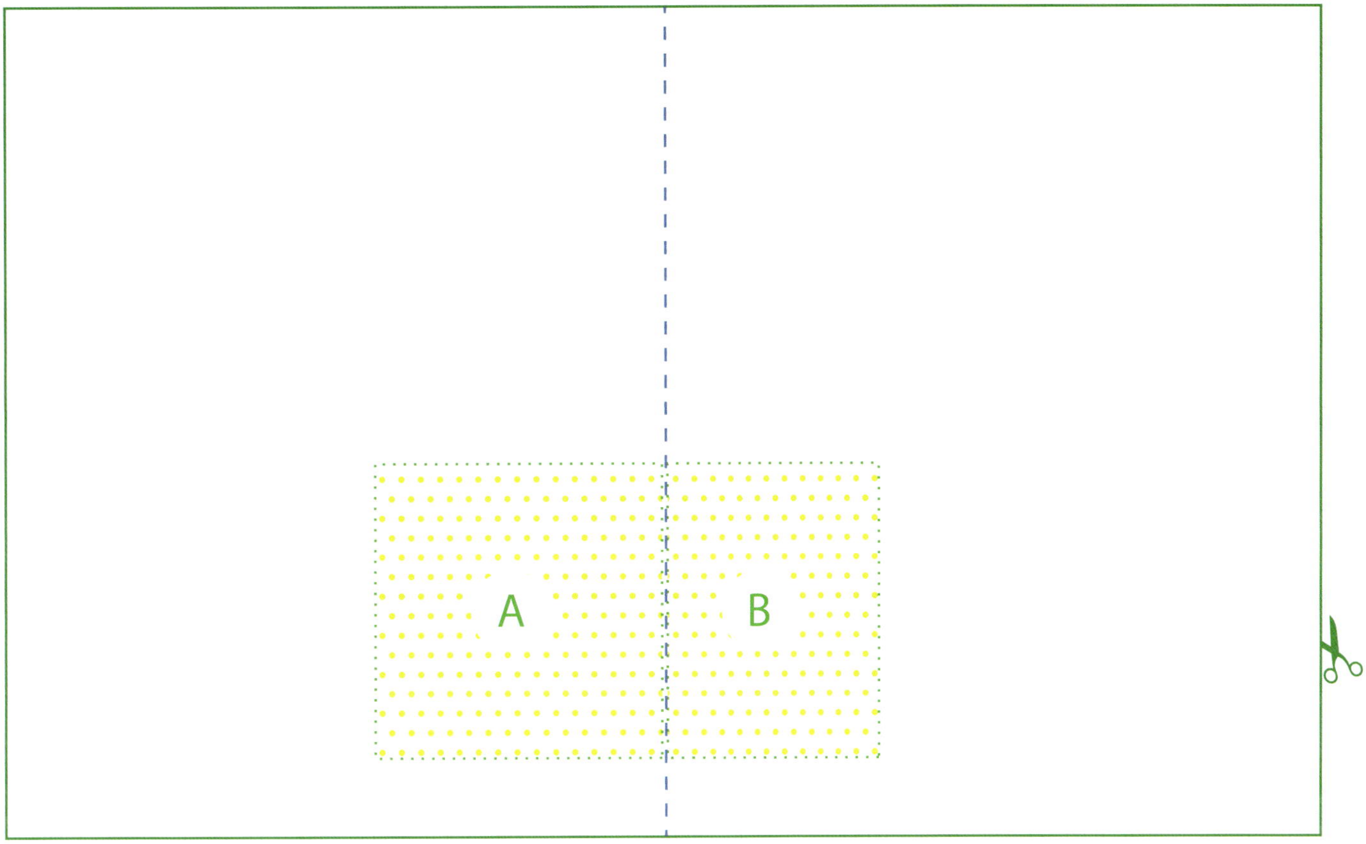

Basisteil

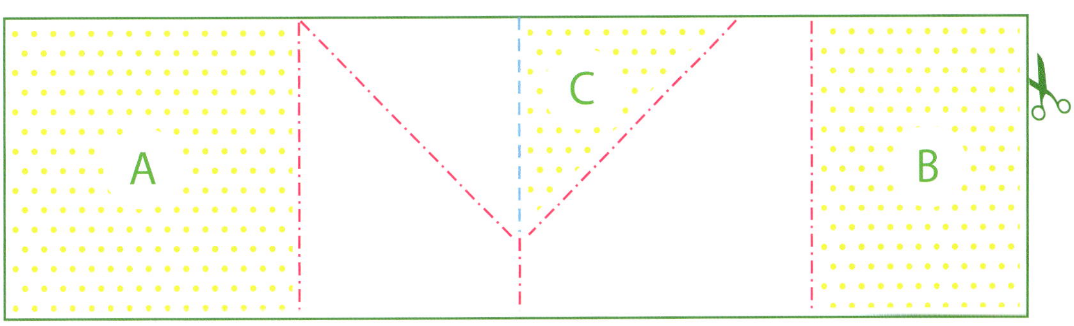

Pop-up-Teil

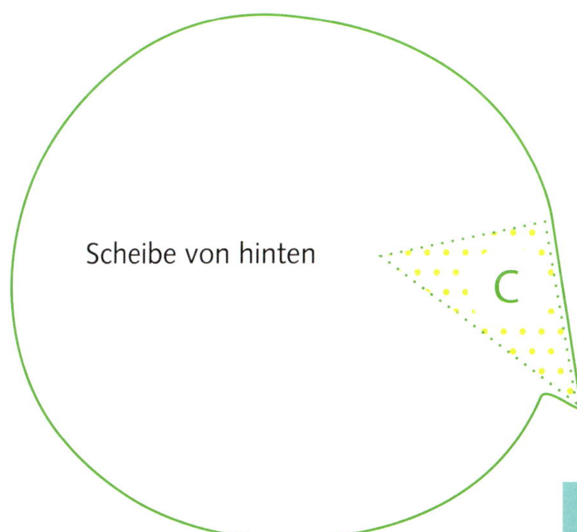

Kopiervorlage

SCHNAPPMAUL-KÄSTCHEN-KOMBINATION

KÄSTCHEN-DREIECK-KOMBI

Für winkende Arme, Pfeile oder sonstige Bewegungen eignet sich diese Kästchen-Variation. Mit der Grundidee lassen sich viele verschiedene Pop-up-Effekte herstellen, es lohnt sich, ein bisschen damit zu experimentieren. Wenn du die Vorlage einmal gebastelt hast, verstehst du das Prinzip garantiert sofort und kannst es prima variieren.

DU BRAUCHST:

- Vorlage von Seite 83 auf festem Papier (160g/m²)
- Bleistift
- Geodreieck
- Stricknadel
- Schere
- flüssigen Klebstoff

UND SO GEHT'S:

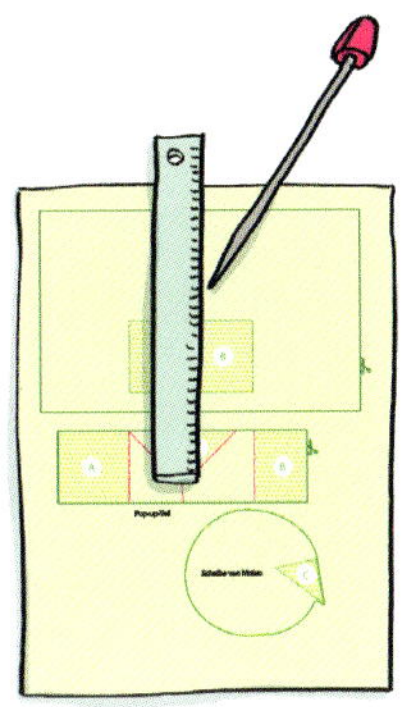

1 Ziehe alle gestrichelten Falzlinien mit der Stricknadel an einem Lineal entlang nach.

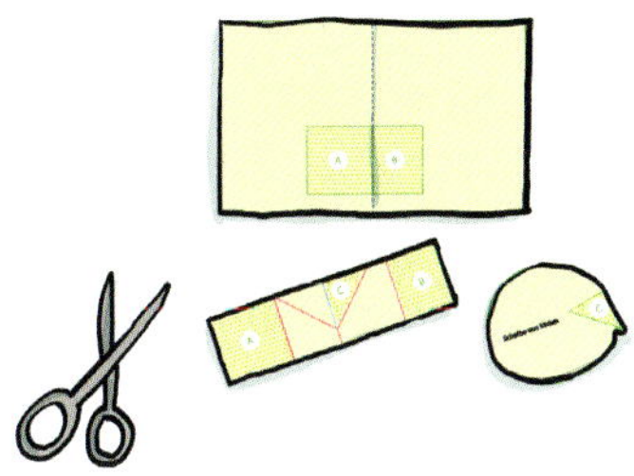

2 Schneide die Basisseite, das Pop-up-Teil und die Scheibe aus.

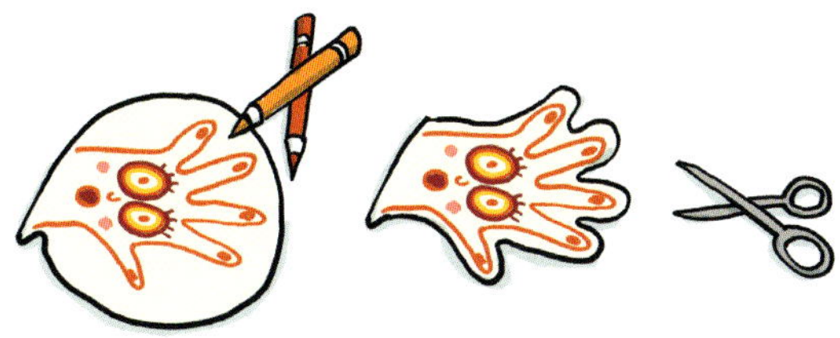

3 Überlege dir schon mal, was denn da winken soll: Ein Arm? Oder ein Bein? Zeichne dein Motiv auf die Rückseite der Scheibe. Dann kannst du das Teil zurechtschneiden. Achte dabei darauf, dass es mit der Klebefläche verbunden ist. Dekoriere eventuell auch schon die anderen Teile. Falls dir jetzt noch nichts einfällt, kannst du das aber auch später machen.

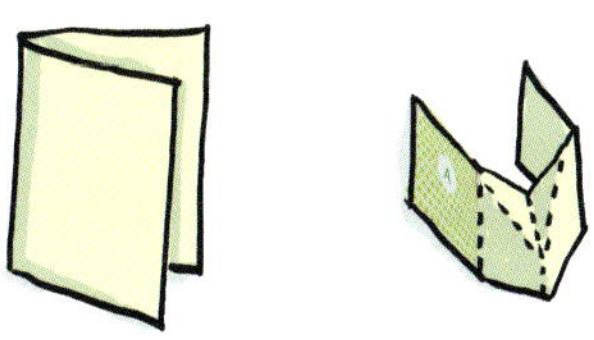

4 Falte das Pop-up-Teil vor: Fast alles sind Bergfalten (siehe Seite 14), aber das kleine Dreieck faltet sich nach innen.

5 Knicke das Pop-up-Teil so, dass die Klebefläche A und B hinten sind. Bestreiche sie dünn mit Klebstoff und klebe sie flach auf die entsprechende Fläche auf der Basisseite.

6 Öffne die Seite wieder. Nun kannst du die Scheibe (bzw. den „Rest“ der Scheibe) auf die Klebefläche des kleinen Dreiecks kleben.

Area 62

KOPIEREN VON VORLAGEN

Und wie überträgt man eine Bastelvorlage auf ein festes Papier? Für die Lösung dieses großen Rätsels gibt es verschiedene Methoden, die du je nach Bedarf und Ausstattung anwenden kannst.

1. Die gemütliche Methode:

KOPIEREN

Hast du einen Kopierer zur Verfügung, hurra, dann geht das Ganze flott!

DU BRAUCHST:

- Kopierer
- festes Papier im Format DIN A4

UND SO GEHT'S:

1 Lege das feste Papier in den Kopierer.

2 Kopiere die Seite mit der Vorlage – fertig!

2. Die moderne Methode:

AUSDRUCKEN

Du kannst einen Computer mit Internetanschluss benutzen? Wenn du dazu noch einen Drucker ansteuern kannst, perfekt! So geht's blitzschnell, wenn die Technik mitspielt …

DU BRAUCHST:

- Computer mit Internetanschluss
- Drucker
- festes Papier im Format DIN A4

UND SO GEHT'S:

1 Gehe auf www.vonstemm.com/popupvorlagen und suche dir die entsprechende Vorlage aus.

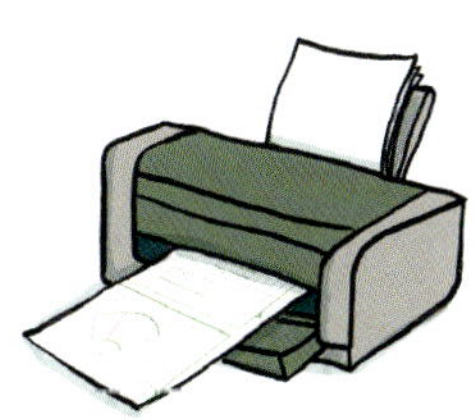

2 Lege etwas festes Papier in den Drucker und drucke die Vorlage aus.

3. Die sportliche Methode:

ABZEICHNEN

Alle Bastelvorlagen in diesem Buch sind auf einem Karoraster gedruckt – das macht das Abzeichnen des Schnittmusters einfacher.

DU BRAUCHST:

- Bleistift
- Geodreieck oder Lineal
- festes Papier im Format DIN A4

UND SO GEHT'S:

1 Zeichne ein zartes Karoraster auf das feste Papier. Hierfür an allen Außenkanten des Papiers wie bei einem Maßband die Zentimeter markieren und immer die gegenüberliegenden Punkte verbinden.

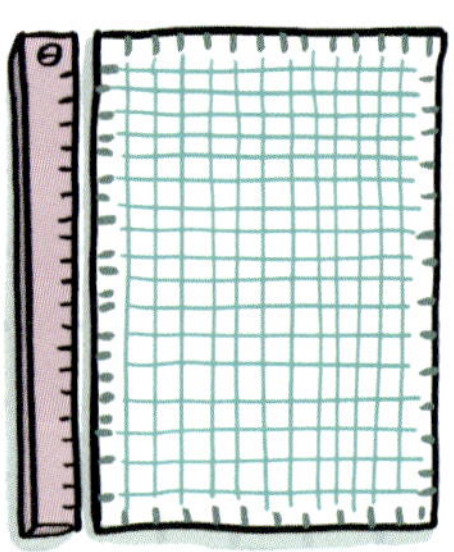

2 Übertrage die Eckpunkte des Schnittmusters und verbinde die Punkte. Für gerade Linien ein Lineal benutzen.

TECHNIK

4. Die geduldige Methode:

DURCHPAUSEN

Für diese Methode sind ein paar Arbeitsschritte nötig – dafür kannst du aber auch ungewöhnliche Formen auf ganz dickes Papier oder sogar Pappe übertragen.

Manchmal kann man etwas auch gut am Fenster durchpausen (siehe "Buchumschlag" Seite 133)!

DU BRAUCHST:

- transparentes Papier, zum Beispiel Butterbrot- oder Backpapier
- wieder ablösbares Klebeband
- weichen Bleistift
- Lineal
- festes Papier im Format DIN A4
- Druckbleistift ohne Mine

UND SO GEHT'S:

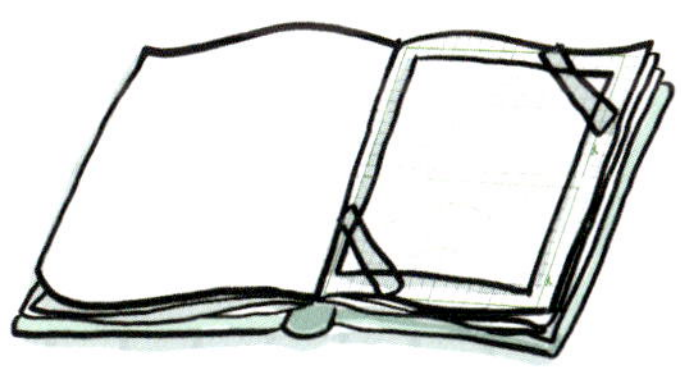

1 Lege das transparente Papier auf die Vorlage im Buch. Damit es nicht verrutscht, kannst du zwei Ecken vorsichtig mit wieder ablösbarem Klebeband fixieren.

2 Das Schnittmuster mit Bleistift durchpausen. Für gerade Linien ein Lineal benutzen.

3 Das transparente Papier vorsichtig vom Buch lösen, umdrehen und alle Linien mit einem weichen Bleistift überschraffieren.

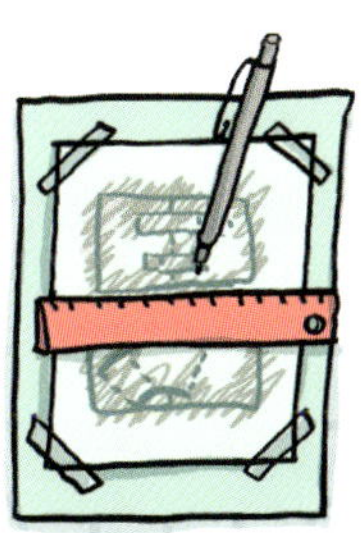

4 Lege das Transparentpapier mit der Schraffur nach unten auf das festere Papier und fixiere die Ecken mit Klebeband. Ziehe alle Linien mit dem Druckbleistift nach. Das Schnittmuster drückt sich so auf das Papier durch.

JETZT ABER RICHTIG:

DER V-MECHANISMUS

Dieser Mechanismus ist die professionelle Version des Schnappmauls von Seite 70f. Ganz viele Pop-ups basieren auf dem V-Mechanismus, auf Englisch wird er übrigens „V-Fold“ genannt.

DIE GRUNDIDEE:

Der Name sagt schon alles, denn der Mechanismus klebt auf der Basisseite wie ein V. Es gibt bei diesem Mechanismus drei Schwierigkeitsstufen:

STUFE 1:

Bei der einfacheren, symmetrischen Version sind die Winkel rechts und links vom Mittelfalz gleich groß und das aufgeklebte Teil hat rechte Winkel (siehe Kopiervorlage Seite 94).

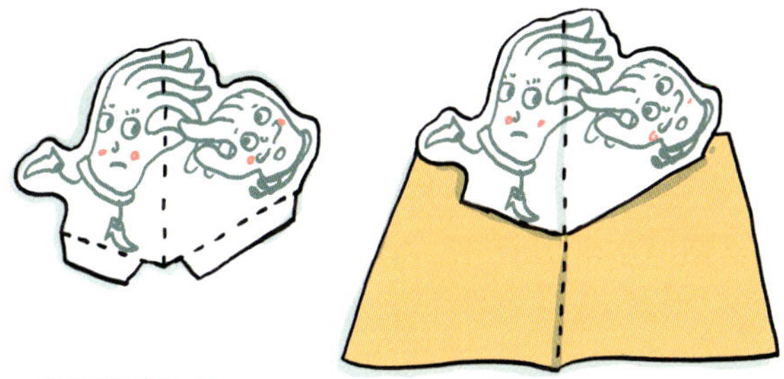

STUFE 2:

Etwas komplizierter wird das Ganze, wenn es zwar symmetrisch bleibt, aber das aufgeklebte Teil andere Winkel bekommt (siehe Kopiervorlage Seite 95).

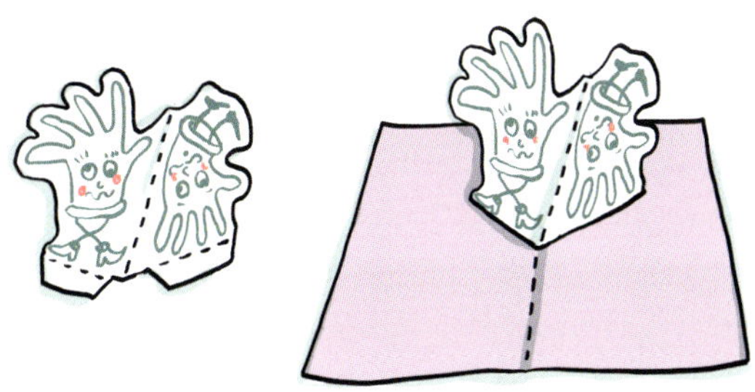

STUFE 3:

Und wenn du dann auch noch die Symmetrie weglässt, können ganz wilde Pop-ups entstehen.

Das Konstruieren von asymmetrischen V-Mechanismen macht nicht viel Spaß, denn man muss alle Winkel genau berechnen und abmessen.

Zum Glück eignet sich dieser Mechanismus aber ganz prima für die „Freestyle-Methode“ von Seite 96ff. – da muss man auch nichts ausmessen …

DER V-MECHANISMUS

UND JETZT DU:

Für beide Varianten der Kopiervorlagen auf Seite 94 und 95 sind im Grunde die gleichen Arbeitsschritte nötig, hier werden dir also beide auf einmal erklärt:

DU BRAUCHST:

- Vorlagen von Seite 94 oder 95 auf festem Papier (160g/m²)
- Bleistift
- Geodreieck
- Stricknadel
- Schere
- Stifte oder Collagenmaterial
- flüssigen Klebstoff

UND SO GEHT'S:

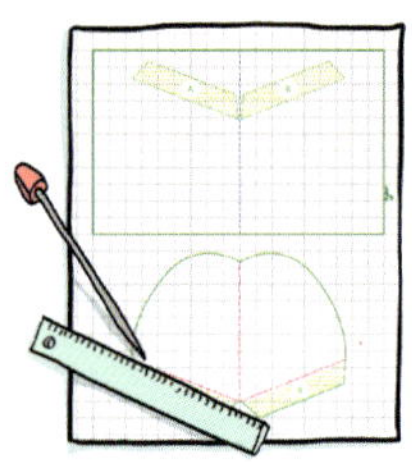

1 Ziehe alle gestrichelten Falzlinien mit der Stricknadel an einem Lineal entlang nach (siehe auch „Vorrillen" Seite 13).

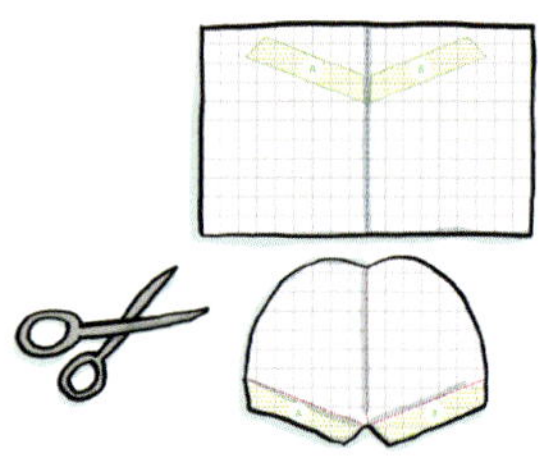

2 Schneide die Basisseite und das Pop-up-Teil aus.

3 Wenn du schon eine Idee hast, zeichne jetzt etwas auf das Pop-up-Teil und die Basisseite. Später geht das zwar auch noch, ist dann aber etwas komplizierter. Schneide das Pop-up-Teil in die Form, die du brauchst – aber Achtung, die Klebeflächen müssen dran bleiben!

4 Falte das Pop-up-Teil vor: Alles sind Bergfalten (siehe Seite 14).

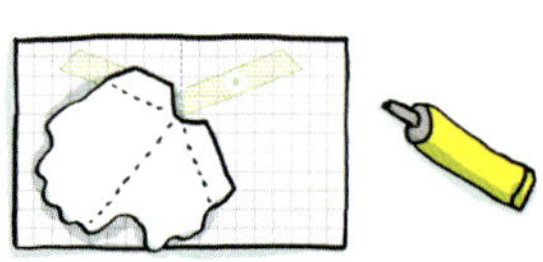

5 Bestreiche Klebefläche A des Pop-up-Teils dünn mit Klebstoff und klebe sie auf die Basisseite, sodass beide Mittelfalze aneinander stoßen.

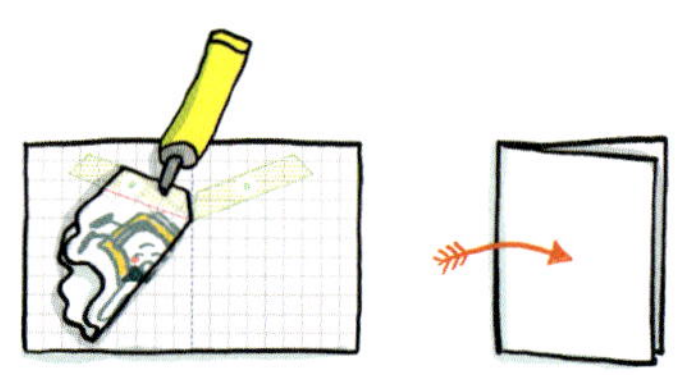

6 Lege das Pop-up-Teil flach auf die linke Seite, bestreiche die Klebefläche B mit Klebstoff, schließe die Seite und drücke kurz fest.

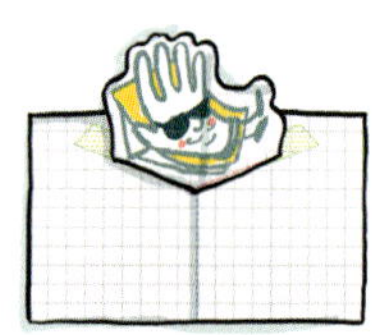

7 Öffne die Seite wieder: Fertig!

Klick

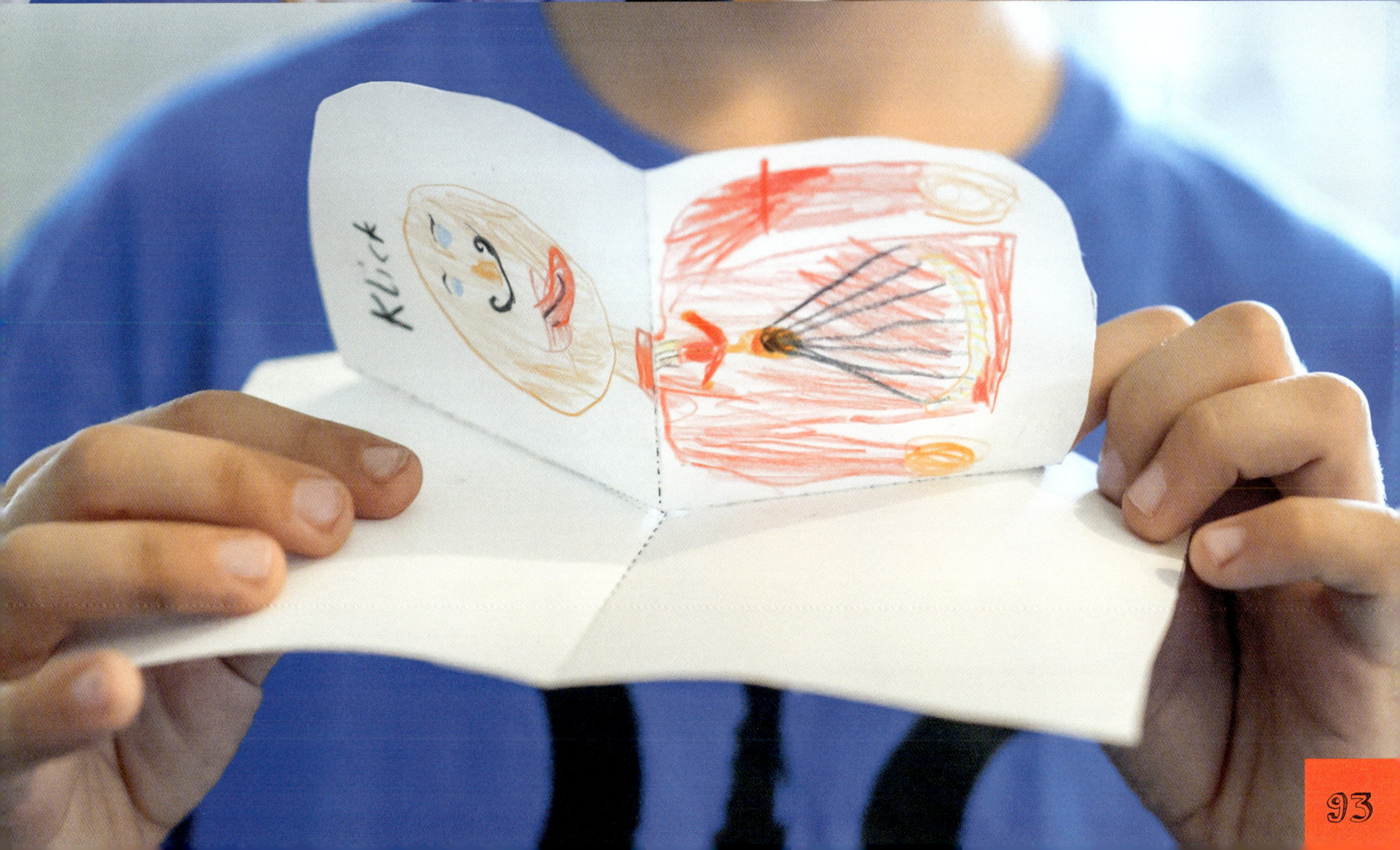
Klick

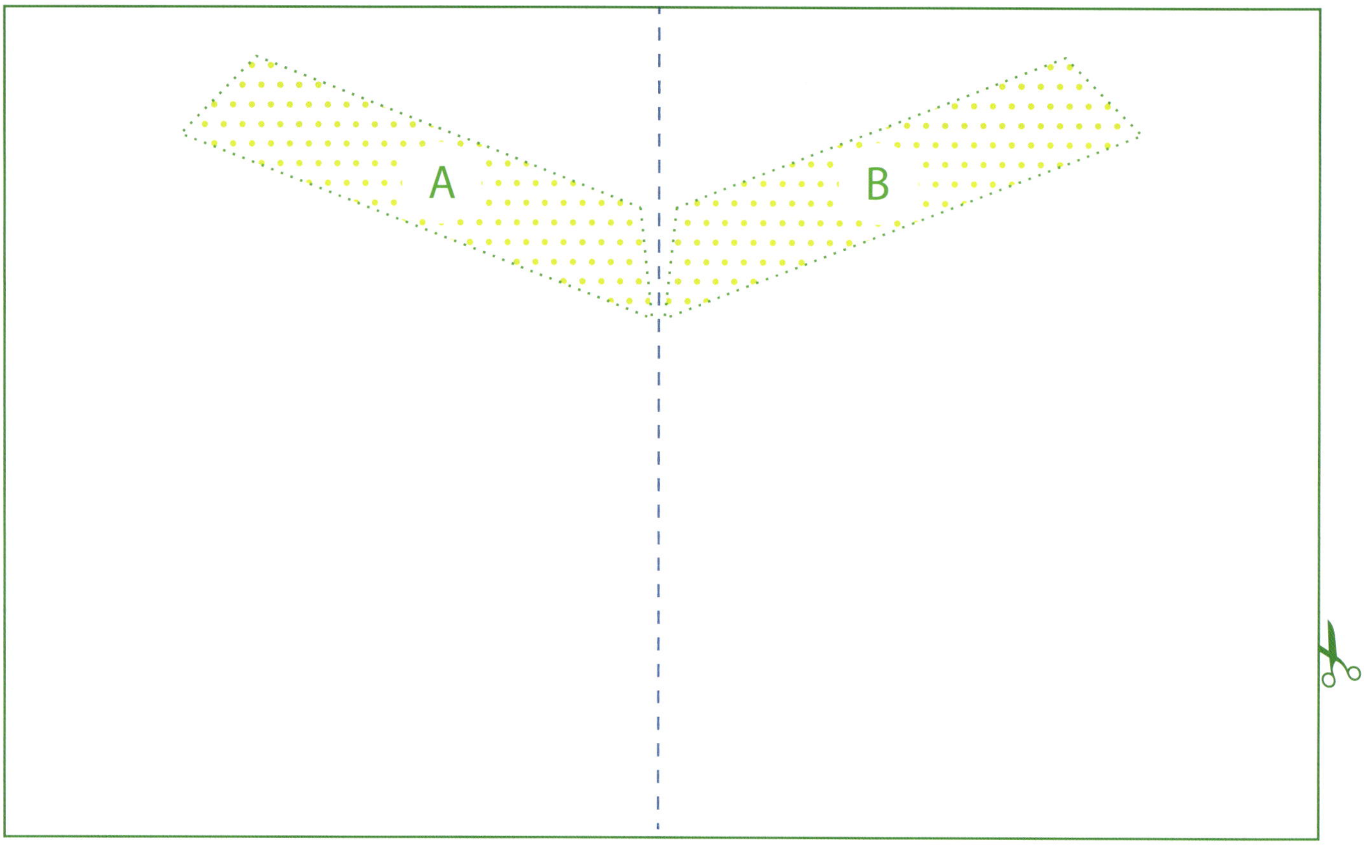

Basisteil

Pop-up-Teil

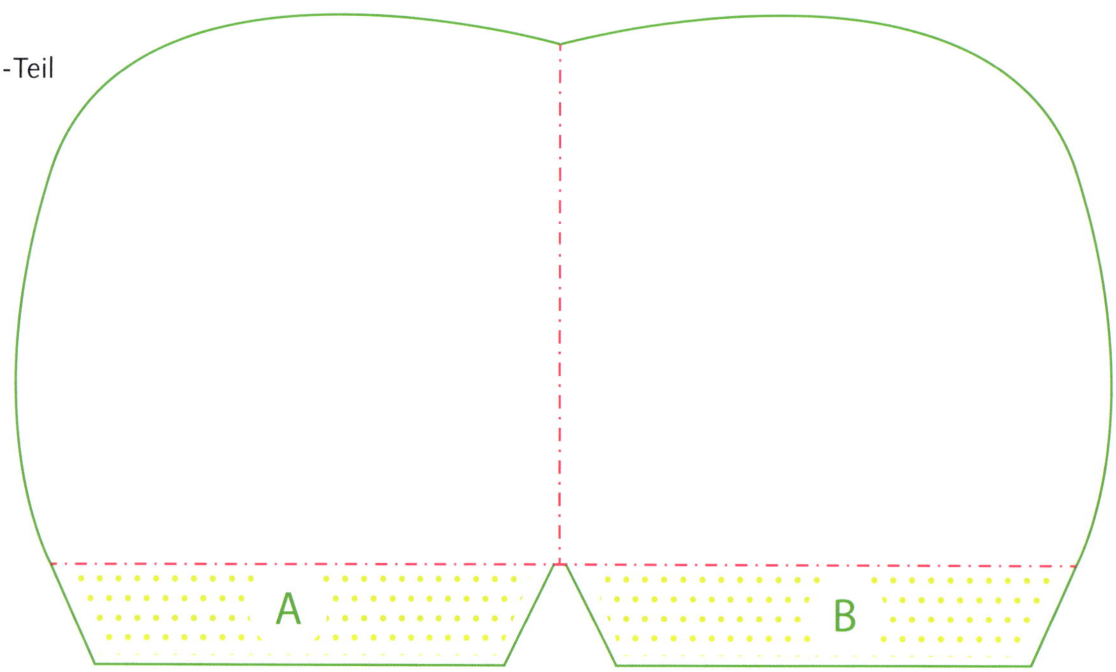

Kopiervorlage **V-MECHANISMUS VARIANTE 1**

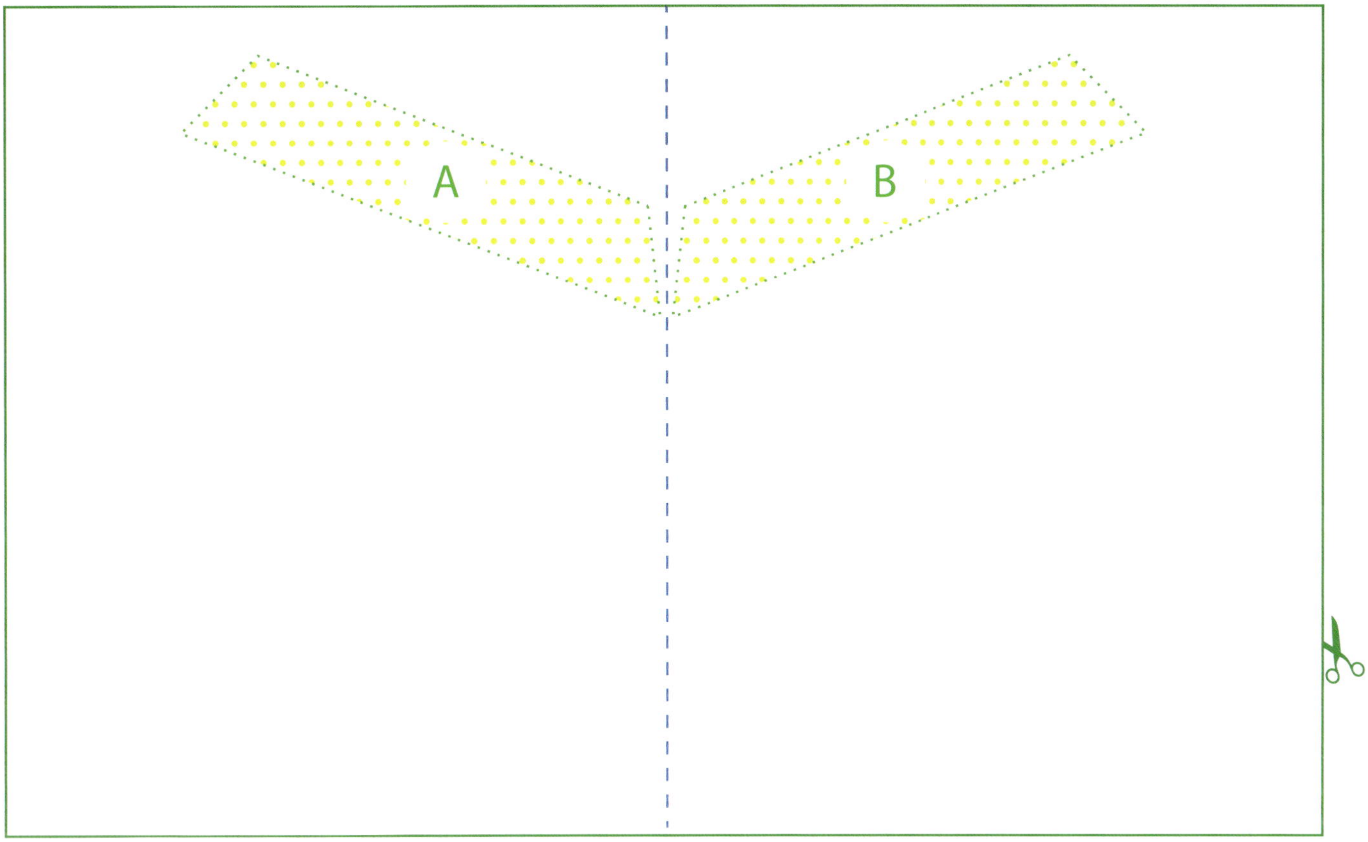

Basisteil

Pop-up-Teil

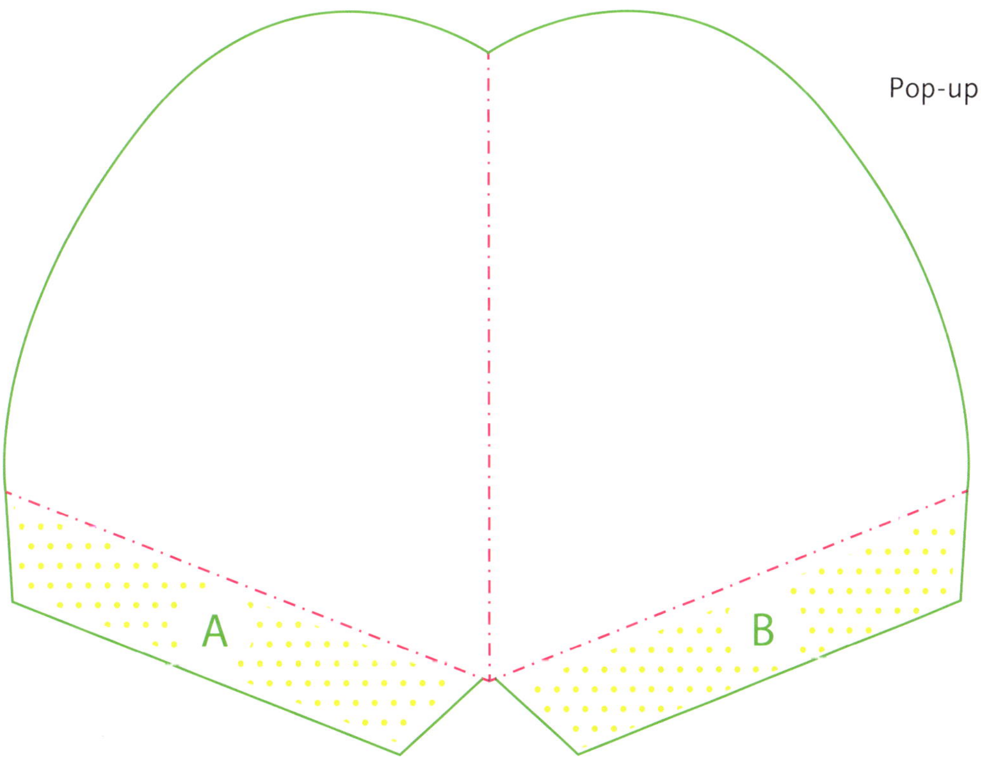

Kopiervorlage **V-MECHANISMUS VARIANTE 2**

DIE V-MECHANISMUS-

FREESTYLE-METHODE

Hast du die Kopiervorlagen in V-Pop-ups verwandelt, dann leg doch selber mal los: Diesen Mechanismus kannst du auch ganz allein herstellen. Hier gibt es die Variante ohne viel Ausmessen, es funktioniert ein bisschen wie Bildhauen mit Papier.

DU BRAUCHST:

- festes Papier, ca 200-250g/m², im Format DIN A5
- festes Papier, 160g/m², im Format DIN A6
- Geodreieck oder Lineal
- Stricknadel
- Bleistift
- Schere
- Buntstifte, Filzstifte oder Collagenmaterial
- flüssigen Klebstoff

Video-Anleitung Nr. 6

FREESTYLE

www.vonstemm.com/video-tutorials

Oder du machst es anders herum: Du kannst auch erst etwas zeichnen, es ausschneiden und dann zu einem Pop-up-Teil falten – mit dieser Technik kannst du beispielsweise die Tintenklecksviecher von Seite 101 aufklappen lassen!

UND SO GEHT'S:

1 Falte das dickere, größere Papier zur Hälfte, ziehe die Kante scharf nach. Das ist deine Basisseite.

2 Falte für das Pop-up-Teil das kleinere Papier zur Hälfte, ziehe die Kante scharf nach.

3 Zeichne eine schräge Linie auf das untere Ende des zusammengefalteten Papiers. Die Größe des Winkels, also wie schräg die Linie zum Mittelfalz steht, wird das Pop-up stark verändern, probiere einfach mal verschiedene Varianten aus!

4 Ziehe die Linie mit einer Stricknadel nach.

5 Zeichne unter die Linie eine Klebefläche – die Form kannst du dir ausdenken.

6 Schneide die untere Hälfte des Pop-up-Teils durch beide Lagen aus.

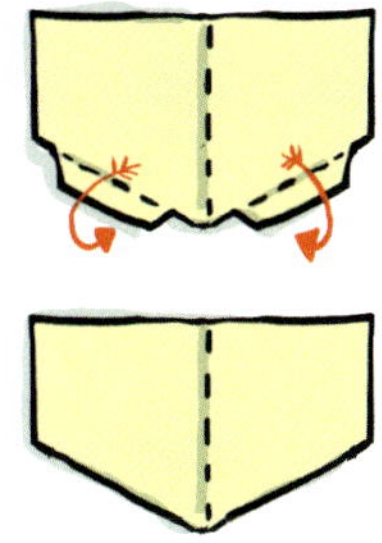

7 Falte die Klebeflächen vor: Entweder nach hinten, wenn du sie nicht sehen möchtest, oder nach vorn, wenn sie Teil deines Designs werden sollen.

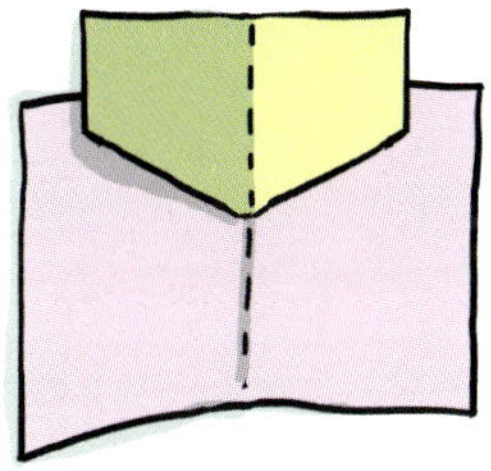

8 Nun das Pop-up-Teil flach auf die obere Hälfte der Basisseite kleben. Dabei müssen die beiden Mittelfalze genau übereinanderliegen.

9 Klappe die Seite zu, schneide alles Überstehende ab.

10 Klappe die Seite wieder auf und zeichne ein Motiv oder Muster auf das Pop-up-Teil.

11 Schneide das Pop-up-Teil noch nach Bedarf zurecht – fertig!

Eventuell geht auch mal etwas schief, aber dafür geht's schnell!

EXPERIMENTE

MIT DEM FREESTYLE-POP-UP

Wer sagt denn, dass es feste Regeln für Pop-ups gibt? Da du ja Einzelstücke, also Künstler-Pop-ups machst, bist du der Chef und kannst natürlich auch alle Regeln selbst bestimmen. Hier ein paar Ideen dazu:

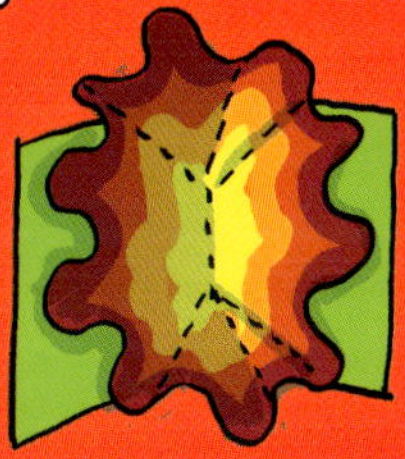

Probiere eine doppelte V-Faltung aus, eine nach oben und eine nach unten. Die Klebefläche klebt dabei in der Mitte, das sieht ein bisschen so aus wie ein Kleeblatt! So können sich ganz wunderbar Sachen auffächern!

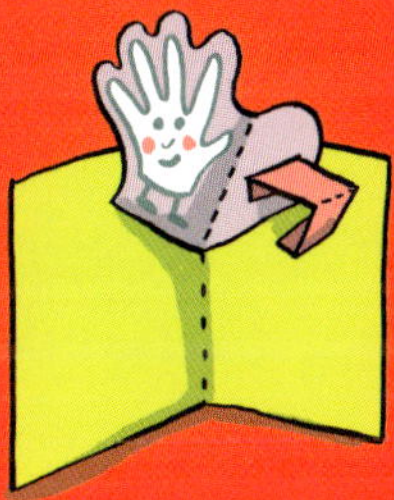

Verbinde zwei Pop-up-Mechanismen miteinander, klebe also zum Beispiel einen Parallel-Mechanismus an den V-Mechanismus.

Baue eine Spirale an ein Pop-up an (siehe Pop-up-Kringel Seite 102f.).

Klebe an ein Pop-up-Teil noch ein extra Blatt Papier und zeichne einfach weiter.

Falte ein winzig kleines Pop-up: Wie klein kannst du dein Pop-up werden lassen?

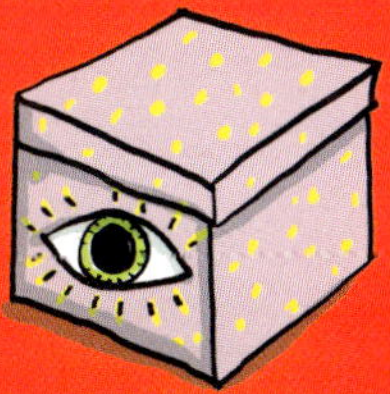

Oder mach doch mal ein Pop-up, das gar nicht mehr zuklappt: Baue ein „Ständig-up" (ohne „Pop") in einen Guckkasten.

Bastle für jemanden, den du gern magst, ein Überraschungs-Pop-up in ein Buch hinein – am besten dafür kein Bücherei-Buch nehmen ...

TINTENKLECKSVIECHER

Dir fällt nichts ein, was du malen könntest? Dann lass dich von deinem Unterbewusstsein inspirieren: Mache ein paar bunte Kleckse auf ein Papier, klappe es zusammen und dann schau, was dir zu dem Ergebnis einfällt. Mit dieser Technik kannst du ganz schnell Grundlagen für Schmetterlinge, Monster und sonstige Wesen herstellen – und die lassen sich ganz prima zu Pop-ups verarbeiten.

DU BRAUCHST:

- alte Zeitung zum Unterlegen
- einen Stapel festes Papier, im Format DIN A5
- Wasserfarbkasten oder flüssige Wasserfarbe
- dicken Pinsel
- schwarzen Filzstift

Achtung, längere Trocknungszeit einplanen!

UND SO GEHT'S:

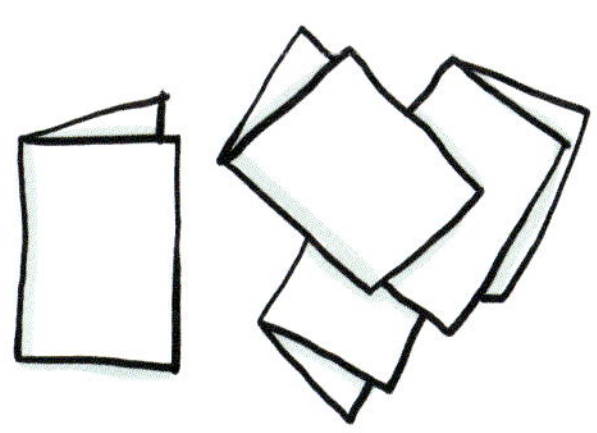

1 Falte alle Papiere jeweils zur Hälfte, ziehe den Knick scharf nach und falte das Papier wieder auf.

2 Decke die Arbeitsfläche mit Zeitung ab und lege ein Papier vor dich.

3 Rühre dir Farben an. Benutze dafür viel Wasser und bringe die Farben richtig zum Schäumen!

4 Kleckse Farbe auf eine Hälfte des Papiers, lass die Farbe etwas verlaufen und klappe das Papier zusammen. Reibe mit der Hand über das geschlossene Papier.

5 Klappe das Papier wieder auf – na, schon zufrieden? Falls nicht, kleckse und presse weiter.

6 Lege das fertige Werk zum Trocknen aus und mache mit dem nächsten Papier weiter. Wenn die Papiere trocken sind, kannst du schauen, was dir zu den Formen einfällt. Zeichne eventuell ein paar Details mit dem Filzstift hinzu.

HILFE, HYPNOSE!

DER POP-UP-KRINGEL

EINSTEIGER-POP-UP

Diese betörende Pop-up-Technik kannst du sehr vielfältig einsetzen: Aus dem spiralförmigen Kringel könnte zum Beispiel eine Rutsche, eine Schlange oder eine Autobahn werden. Oder du bastelst damit dem Schnappmaul von Seite 70 eine Zunge! Vielleicht fällt dir ja noch etwas ganz anderes zu der Form ein?

DU BRAUCHST:

- festes Papier, ca. 160g/m², im Format DIN A5 und DIN A6
- Bleistift
- Schere
- Buntstifte, Filzstifte oder Collagenmaterial
- flüssigen Klebstoff

UND SO GEHT'S:

1 Falte das größere Papier zur Hälfte, ziehe die Kante scharf nach.

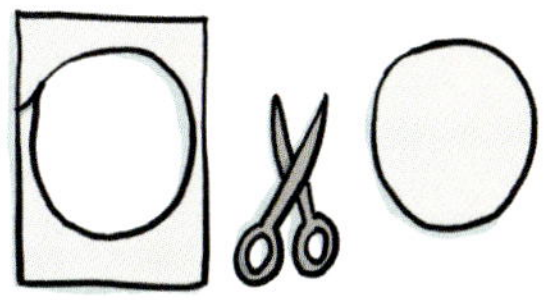

2 Schneide einen Kreis aus dem kleineren Papier.

3 Zeichne nun eine Schneckenlinie auf den Kreis. Der entstehende Kringel sollte etwa 1 cm dick sein.

4 Bemale den Kringel von beiden Seiten. (Das geht einfacher, wenn man ihn noch nicht eingeschnitten oder aufgeklebt hat!)

5 Schneide den Kringel entlang der Schneckenlinie aus.

6 Lege den Kringel auf eine Seite der Klappkarte. Achte darauf, dass er nicht über den Mittelfalz ragt. Bestreiche den Anfang des Kringels mit Klebstoff und klappe die Karte zu.

7 Warte kurz, bis der Klebstoff getrocknet ist. Öffne die Karte, bestreiche das andere Kringelende mit Klebstoff und schließe die Seite erneut.

8 Wieder kurz warten – und fertig ist der Pop-up-Kringel. Nun kannst du die Karte dekorieren – du kannst auch kleine Zeichnungen ausschneiden und auf den Kringel kleben!

Video-Anleitung Nr. 7

POP-UP-KRINGEL

www.vonstemm.com/video-tutorials

EXPERIMENTE

MIT DEM POP-UP-KRINGEL

Na, hast du deinen ersten Kringel faltenfrei eingeklebt? Dann versuche es doch mal mit den folgenden Ideen:

Schneide...

... einen ganz kleinen Kringel.

... einen ganz dünnen Kringel.

... einen Doppelkringel.

... einen eckigen oder dreieckigen Kringel.

... einen Zickzack-Kringel.

Oder klebe...

... zwei Kringel in eine Klappkarte. Wie viele Kringel kannst du maximal einkleben?

... einen Kringel einmal linksherum und einmal rechtsherum ein. Was ist der Unterschied?

MALTECHNIK: BUNTSTIFTSPÄNE

Meistens macht man Pop-ups ja aus weißem Papier – und das sieht leider selbst mit einer Zeichnung drauf häufig noch ziemlich weiß aus. Hier ist eine tolle, schnelle Technik, die sofort gegen weiße Hintergrundlangeweile hilft.

DU BRAUCHST:

- Papier im Format DIN A4
- Buntstifte – am besten keine teuren, alte Stummel reichen
- Anspitzer, am besten mit Spänesammelbehälter
- eventuell Nagelfeile oder Sandpapier
- Pop-up-Seite oder Bild

UND SO GEHT'S:

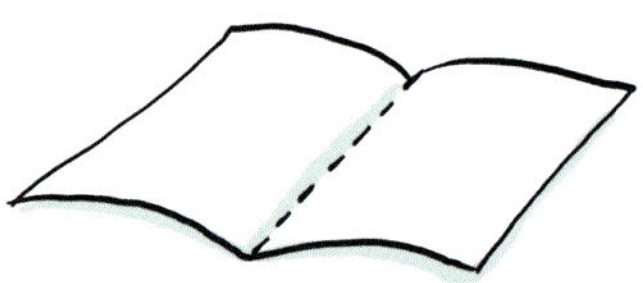

1 Falte das A4-Papier zur Hälfte, ziehe den Knick scharf nach und öffne das Papier wieder.

2 Schütte die Späne aus dem Anspitzer auf das Papier, rüttele es ein bisschen hin und her und hebe die Holzspäne ab. Zurück bleiben die Farbspäne.

3 Streue die Farbspäne prisenweise auf das Pop-up-Bild und verreibe sie wolkenartig mit den Fingerkuppen – schon fertig!

Wenn du eine spezielle Farbe brauchst, spitzt du nur die entsprechenden Stifte an – ist doch klar, oder?

Wenn deine Stifte alle spitz sind, kannst du sie mit der Nagelfeile wieder kurz raspeln und diese Späne nehmen!

DIE DREHSCHEIBE

Mit der Drehscheibe kannst du Ausschnitte aus Bildern in Bewegung bringen: Sprechblasen ändern ihre Aussage, Getränke werden leergetrunken, Frisuren wechseln in Windeseile und Zaubertricks funktionieren prächtig! Zum Üben gibt es die Bastelvorlage, später kannst du die Drehscheibe natürlich so groß oder klein machen, wie du möchtest!

DU BRAUCHST:

- Vorlagen von Seite 112 auf festem Papier (160g/m²)
- Stricknadel
- Lineal
- spitze Schere oder Cutter und Schneidematte
- Klebstoff
- Bunt- oder Filzstifte, eventuell Collagenmaterial

Übrigens: Eigentlich ist die Drehscheibe gar kein Pop-up – es kommt ja nichts plötzlich hervor!

UND SO GEHT'S:

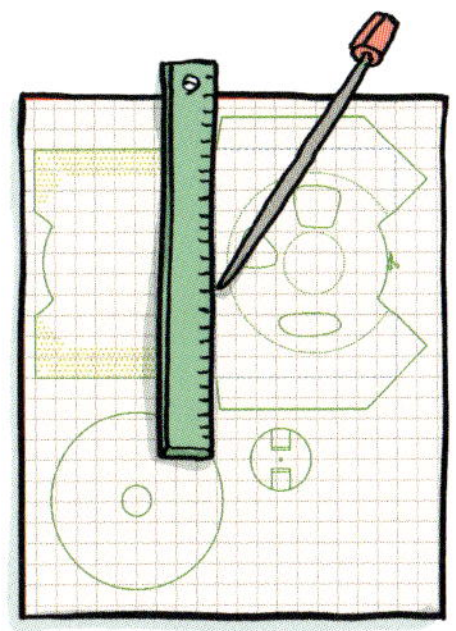

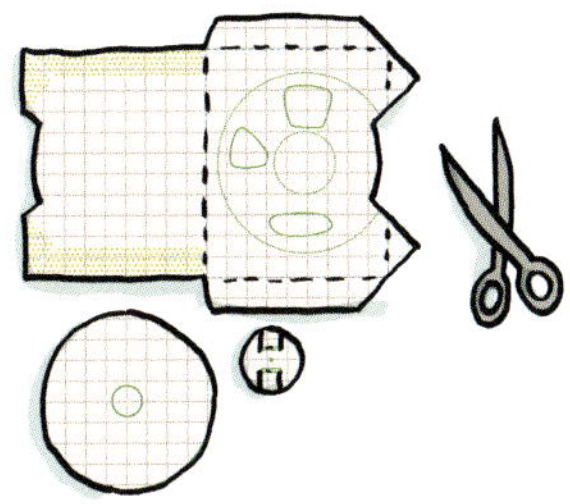

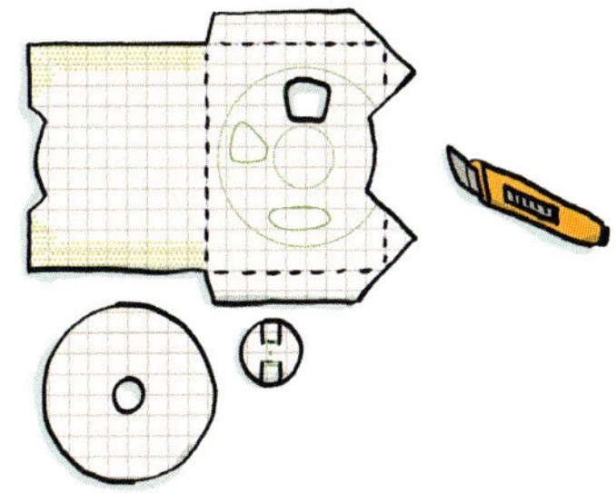

1 Ziehe alle gestrichelten Falzlinien mit der Stricknadel an einem Lineal entlang nach (siehe „Vorrillen“ Seite 13).

2 Schneide alle Teile an der durchgezogenen Linie entlang aus. Schneide auch die vier Schnitte in der Drehachse ein.

3 Suche dir je nach Bildidee einen Ausschnitt auf der Karte aus und schneide ihn aus. Die anderen Ausschnitte ignorierst du. Schneide das kleine Loch in der Scheibe ebenfalls aus. Du kannst hierfür auch den Cutter nehmen, je runder das kleine Loch wird, desto besser (mehr Tipps siehe Seite 57)!

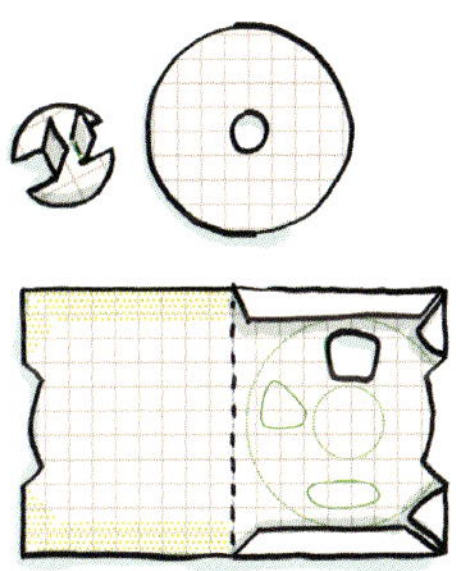

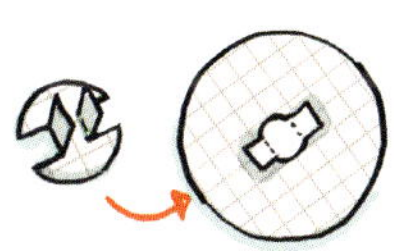

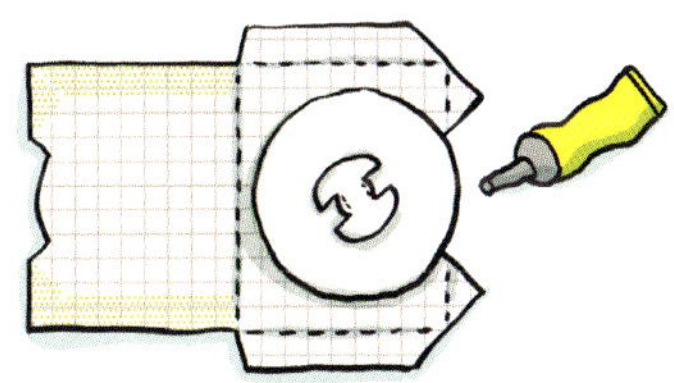

4 Falte die Karte und die Drehachse vor: Alle Faltlinien sind Talfalten (siehe Seite 14).

5 Falte die Laschen der Drehachse hoch, stecke sie durch das Loch in der Scheibe und falte sie auf der anderen Scheibenseite wieder zurück: Nun hat die Drehscheibe eine Achse.

6 Bestreiche die Laschen vorsichtig mit etwas Klebstoff und klebe die Scheibe zwischen die Punkte auf der Karte, sodass sich die Scheibe auf der Achse drehen kann.

Falls sich die Scheibe nun nicht mehr dreht, hast du, leider, leider, etwas falsch gemacht …

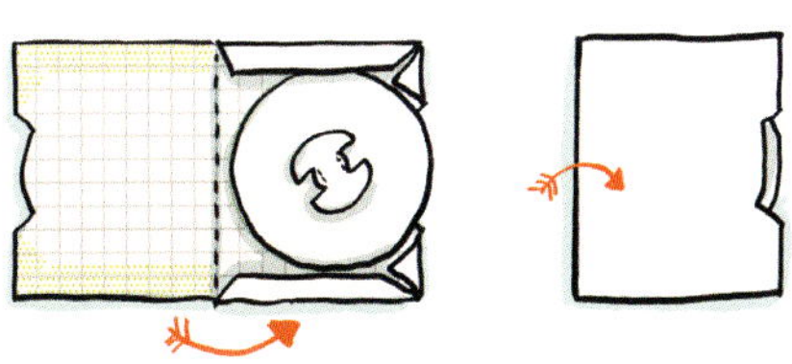

7 Falte die Klebelaschen der Karte nach innen, bestreiche sie dünn mit Klebstoff und klappe die Karte zu: Die Scheibe befindet sich jetzt in der Karte und kann sich trotzdem drehen.

8 Jetzt kannst du dein Motiv auf die Karte zeichnen oder kleben! Drehe hierfür den sichtbaren Ausschnitt immer ein Stückchen weiter.

Ich Denke.....
Limosine
Mampf

Herzlichen Glückwunsch

Tschüss

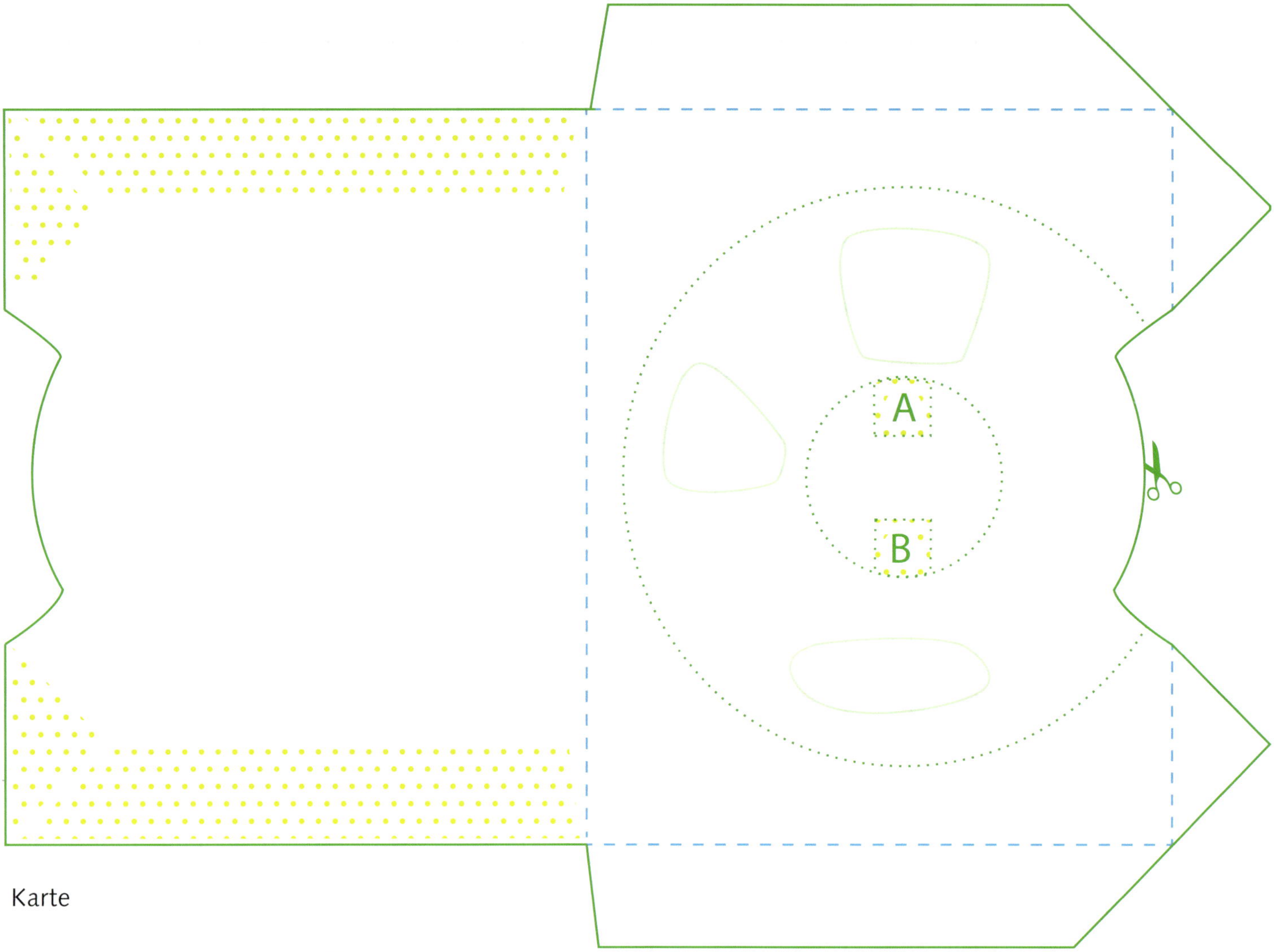

Karte

Scheibe

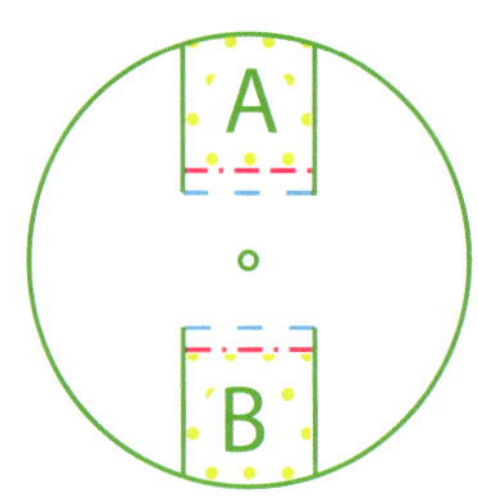

Drehachse

Kopiervorlage **DREHSCHEIBE**

MIT DER DREHSCHEIBE

Drehscheiben kannst du auch selbst entwerfen.
Ein paar Regeln gibt es, damit das funktioniert:

… Die Drehscheibe sollte etwas kleiner als die Seite sein, damit sie sich gut drehen lässt.

… Die Drehscheibe darf also nicht über den Falz einer Seite ragen.

… Der Bildausschnitt auf der Seite sollte nicht zu nah am Rand der Drehscheibe liegen.

… Der Bildausschnitt sollte nicht über dem Mittelpunkt der Scheibe liegen.

Drehscheiben sind übrigens ein hervorragender Anlass,
um mit einem Zirkel zu zeichnen – wie das genau geht, steht auf der nächsten Seite.

Du kannst den Mechanismus sogar zweiseitig verwenden – die Scheibe hat ja zwei Seiten!

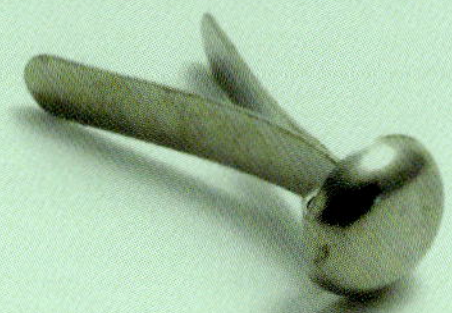

Als Drehachse kannst du auch prima Musterbeutelklammern nehmen!

ZIRKELTRAINING

Für den Drehscheiben-Mechanismus ist es wichtig, dass die Scheibe auch wirklich kreisrund ist. Natürlich kannst du einen runden Gegenstand als Schablone nehmen, aber unabhängiger bist du mit einem Zirkel – schließlich hat man ja nicht immer die passende Müslischüssel parat!

DU BRAUCHST:

- Zirkel
- eventuell Geodreieck
- Bleistift
- Papier
- spitze Schere oder Cutter und Schneidematte
- eventuell ein Stück Schaumstoff oder dicken Filz

SO BENUTZT DU EINEN ZIRKEL:

Ein Zirkel hat zwei Arme: Den Nadelarm pikst du dorthin, wo dein Kreismittelpunkt sein soll, und mit dem Arm mit der Bleistiftmine ziehst du einen Kreis um den Mittelpunkt herum. Dabei ist es wichtig, dass die Nadelspitze nicht verrutscht. Am besten hältst du den runden Zirkelgriff zwischen Daumen und Zeigefinger und nimmst deinen Ellenbogen hoch, sodass der Zirkel die Verlängerung deines Unterarms wird.

Übe das Kreisen ein paar Mal auf einem Blatt Papier, es wird immer einfacher! Versuch doch mal, folgende Formen zu zeichnen: Stern, Blume, Mandala ...

MITTELPUNKTKONSTRUKTION – SO GEHT'S

Wenn du dir den Kreismittelpunkt mit einem kleinen Kreuz markierst, musst du ihn nicht lange suchen – das ist auch praktisch, wenn du zwei konzentrische Kreise brauchst, also zwei Kreise mit dem gleichen Mittelpunkt. Falls dir der Mittelpunkt doch mal abhandenkommt, kannst du ihn dir ganz einfach wieder konstruieren.

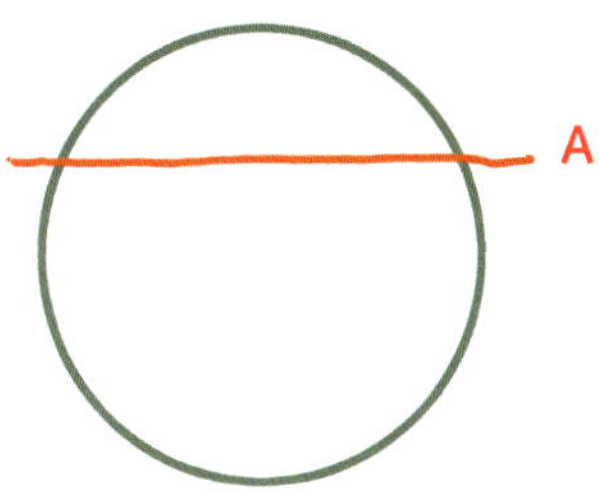

1 Ziehe mit Bleistift und Geodreieck eine Linie A durch den Kreis.

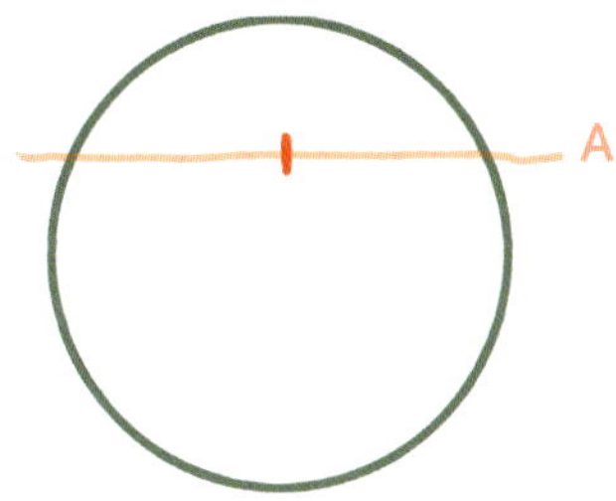

2 Markiere die Mitte der Linie.

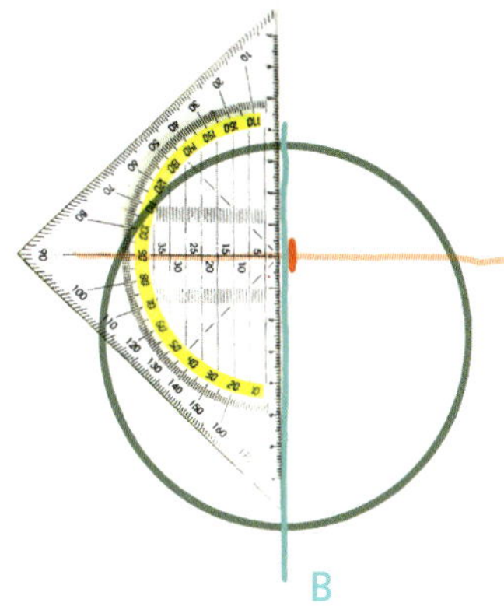

3 Zeichne eine neue Linie B mit einem rechten Winkel zu A durch den markierten Punkt. Lass die Linie an die Kreiswände stoßen.

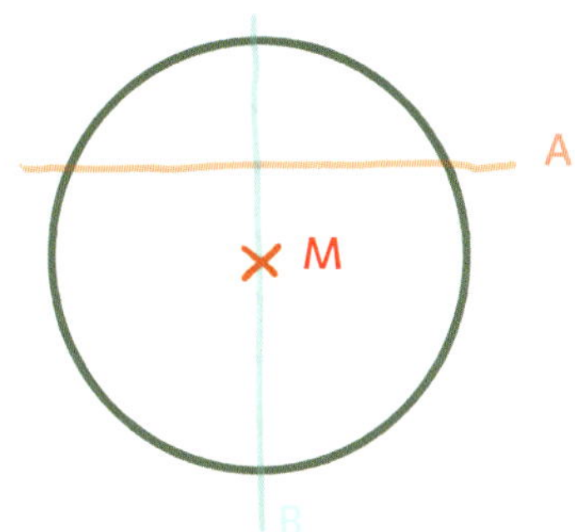

4 Täterätää: Der Kreismittelpunkt M liegt auf der Mitte von Linie B!

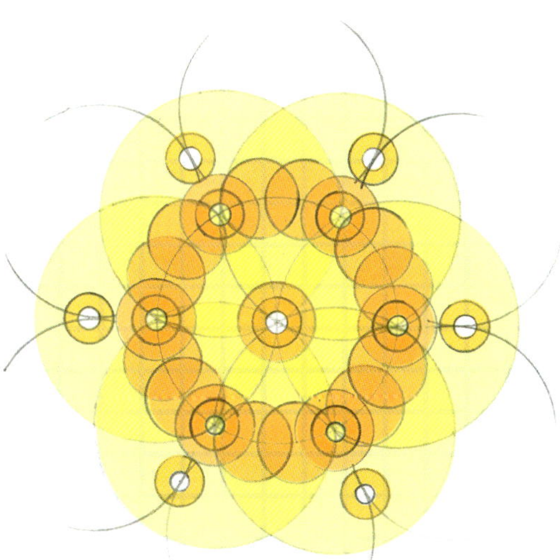

TECHNIK

DER ZIEHMECHANISMUS

Wer macht das nicht gern: Irgendwo dran ziehen und mal schauen, was dann passiert? Wenn man Glück hat, geschieht nichts Schlimmes und man kann es gleich noch einmal machen …

Leider sind solche Ziehmechanismen aus Papier nicht ganz einfach zu konstruieren. Hier gibt es für zwei verschiedene Varianten Kopiervorlagen zum Nachbasteln und Abwandeln – vielleicht probierst du es danach einfach einmal selber aus?

Psst, wenn man es genau nimmt, ist auch dieser Mechanismus gar kein Pop-up, ähnlich wie die Drehscheibe …

DU BRAUCHST:

- Vorlagen von Seite 120 und 123 auf festem Papier (160g/m²)
- Stricknadel
- Lineal
- spitze Schere oder Cutter und Schneidematte
- Klebstoff
- Bunt- oder Filzstifte, eventuell Collagenmaterial

SO GEHT DER ZIEHMECHANISMUS NR. 1:

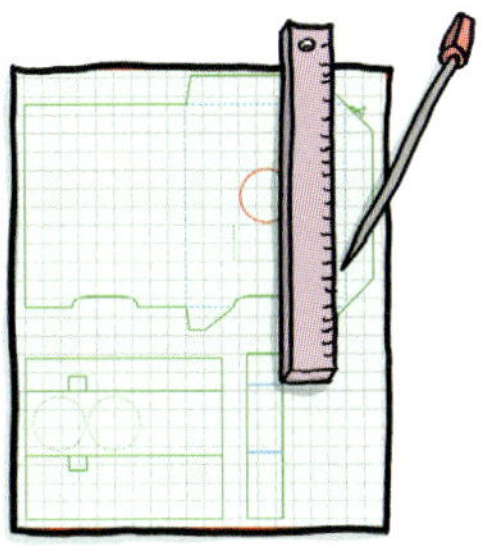

1 Ziehe alle gestrichelten Falzlinien mit der Stricknadel an einem Lineal entlang nach (siehe „Vorrillen“ Seite 13).

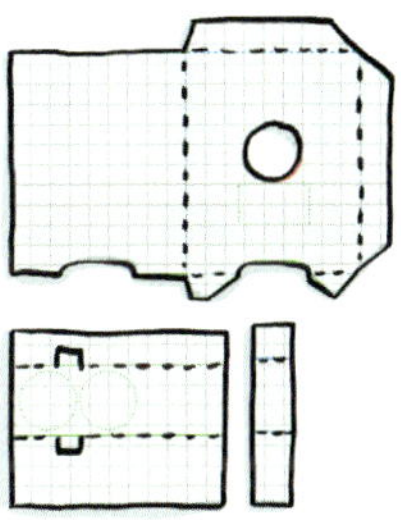

2 Schneide alle Teile an der durchgezogenen Linie entlang aus. Schneide auch das runde Fenster auf der Karte aus und die kleinen, u-förmigen Schlitze auf dem Ziehstreifen ein, hierfür musst du einen Cutter benutzen (Tipps dafür siehe Seite 55ff.).

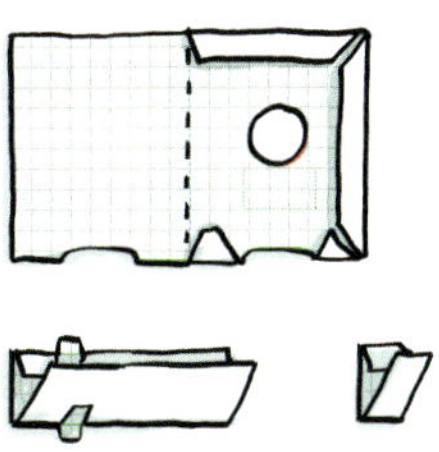

3 Falte die Karte und die Pop-up-Teile vor, achte dabei auf Berg- und Talfalten (siehe Seite 14).

4 Klebe die mittlere Klebefläche der Haltelasche auf die Rückseite der Karte: A klebt auf A.

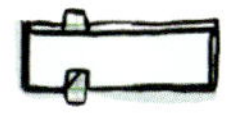

5 Klebe den Ziehstreifen zu einem schmalen Streifen zusammen.

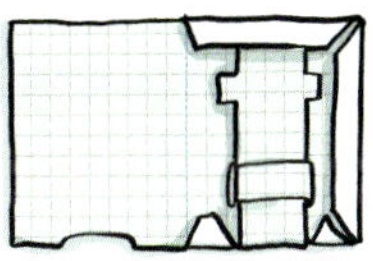

6 Lege den Ziehstreifen auf die Kartenrückseite, sodass das Ende mit dem Pfeil zu dem halbrunden Ausschnitt an der Kartenseite zeigt. Falte den Haltestreifen locker um den Ziehstreifen, sodass er sich noch bewegen kann. Klebe den Haltestreifen zu.

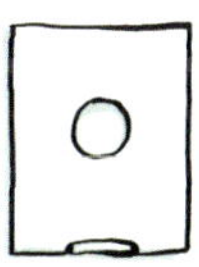

7 Falte die Klebelaschen der Karte nach innen, bestreiche sie dünn mit Klebstoff und klappe die Karte zu: Der Ziehstreifen befindet sich jetzt in der Karte und kann sich trotzdem hin und her bewegen.

8 Nun kannst du dein Motiv auf die Karte zeichnen oder kleben! Ziehe dafür den Ziehstreifen in unterschiedliche Positionen.

UND SO GEHT DER ZIEHMECHANISMUS NR. 2:

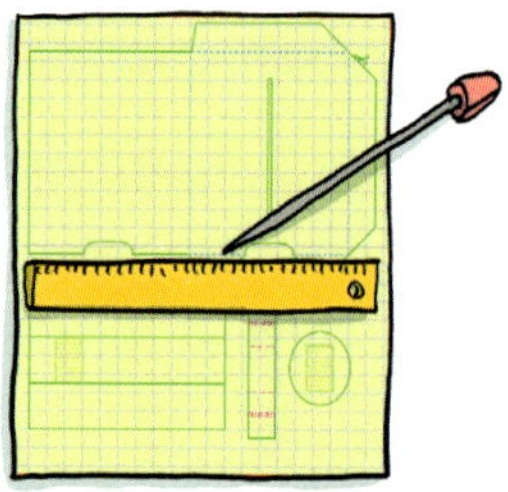

1 Ziehe alle gestrichelten Falzlinien mit der Stricknadel an einem Lineal entlang nach (siehe „Vorrillen“ Seite 13).

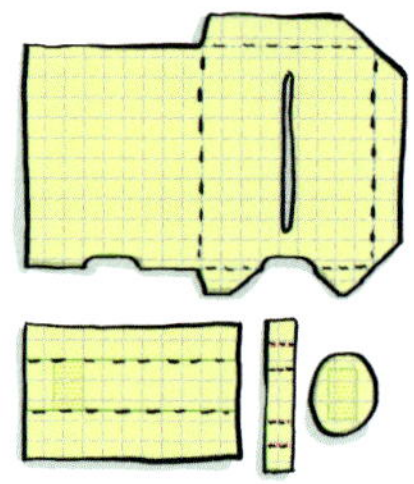

2 Schneide alle Teile an der durchgezogenen Linie entlang aus. Schneide auch den schmalen Schlitz in die Basiskarte. Hierfür musst du einen Cutter benutzen.

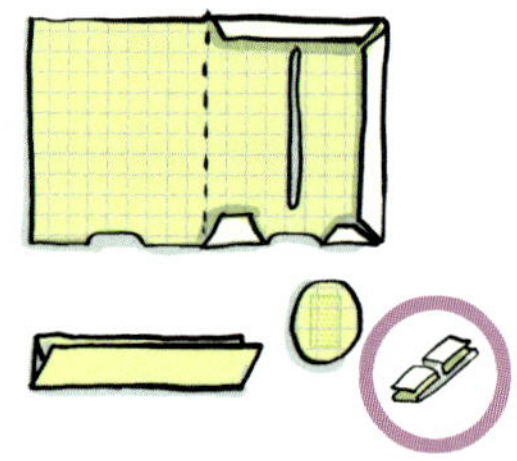

3 Falte die Karte und die Pop-up-Teile vor, achte dabei auf Berg- und Talfalten (siehe Seite 14).

4 Klebe den Ziehstreifen zu einem schmalen Streifen zusammen.

5 Bestreiche die Rückseite der kleinen Halterung mit Klebstoff und klebe sie, wie auf der Zeichnung zu sehen, zusammen.

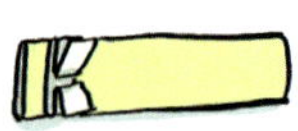

6 Klebe die mittlere Klebefläche der Halterung auf den Ziehstreifen: A klebt auf A.

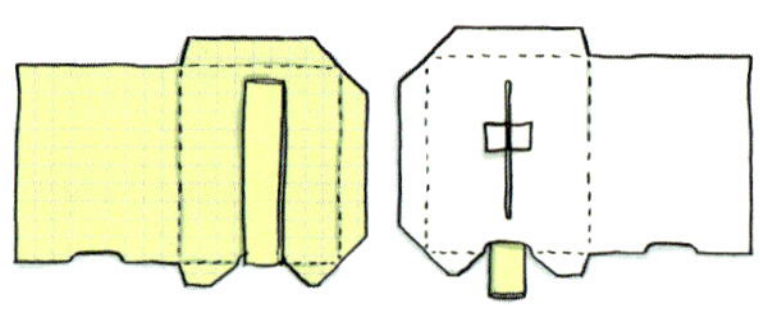

7 Lege den Ziehstreifen auf die Kartenrückseite, sodass das Ende mit dem Pfeil zu dem halbrunden Ausschnitt an der Kartenseite zeigt. Stecke die beiden offenen Flügel der festgeklebten Halterung von hinten durch den Schlitz in der Karte. Falte die Flügel auf der Vorderseite der Karte wieder auf.

8 Gestalte die Rückseite des runden Teils: Du kannst irgendetwas darauf zeichnen, das sich bewegen soll. Schneide das Teil nach Bedarf zu, aber pass auf, dass die Klebefläche nicht beschnitten wird.

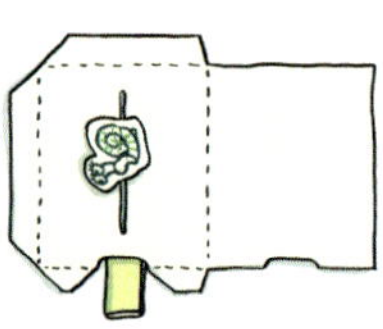

9 Klebe das gestaltete Teil nun auf die Flügel der Halterung.

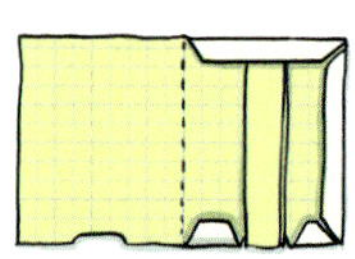

10 Falte die Klebelaschen der Karte nach innen, bestreiche sie dünn mit Klebstoff und klappe die Karte zu: Der Ziehstreifen ist jetzt in der Karte und kann sich trotzdem hin und her bewegen.

11 Nun kannst du den Rest der Karte dem Motiv entsprechend dekorieren. Ziehe dafür den Ziehstreifen in unterschiedliche Positionen.

MAD
Tai Chi

Karte

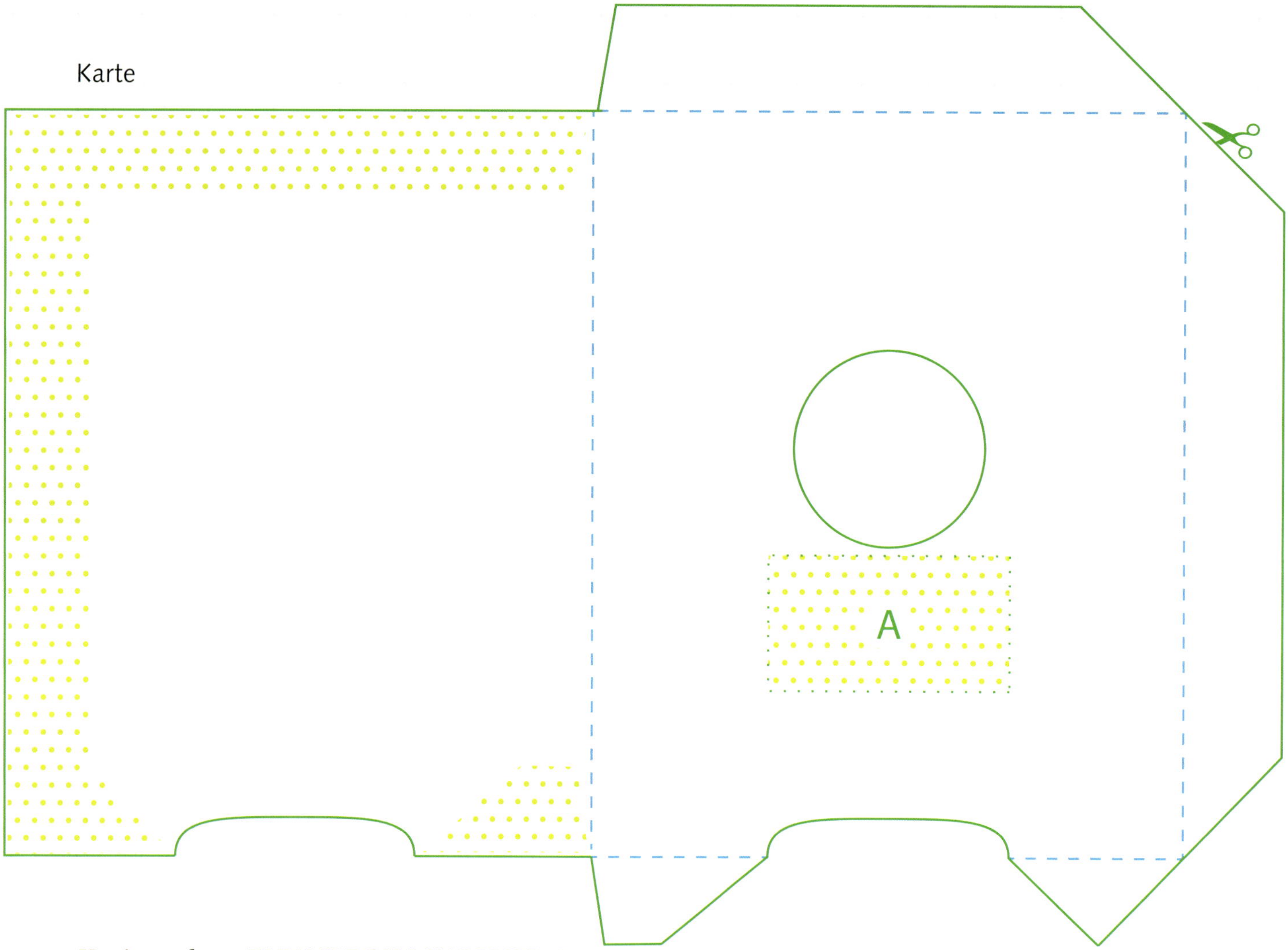

Kopiervorlage **ZIEHMECHANISMUS 1**

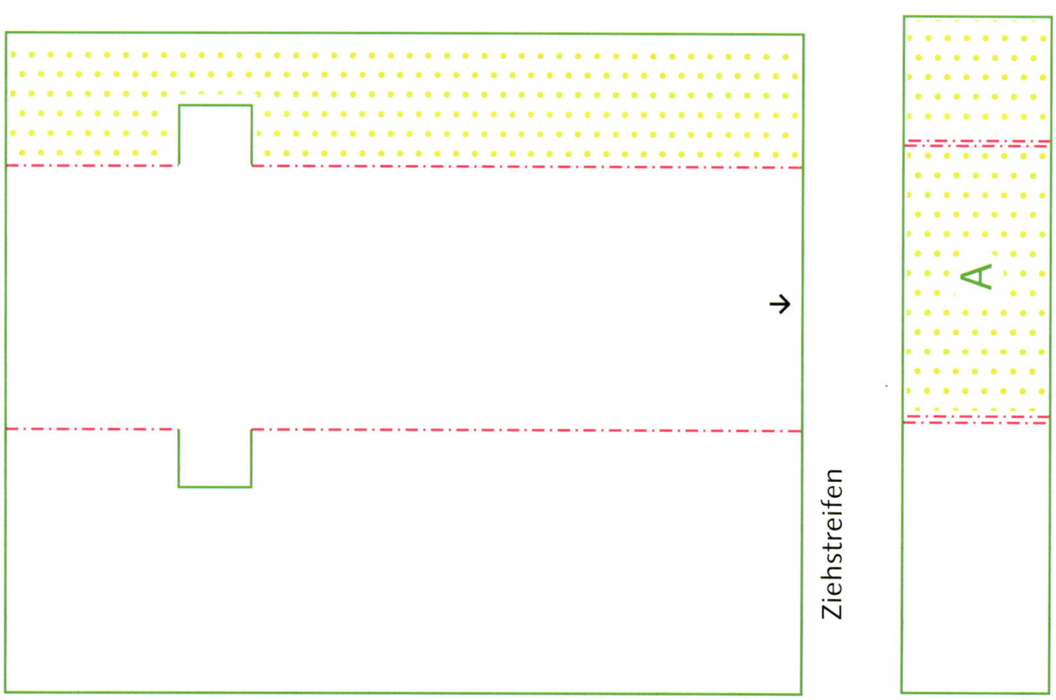

(Die Falzlinien sind hier doppelt markiert, damit sich der Haltestreifen um den Ziehstreifen herumfalten lässt.)

UHU

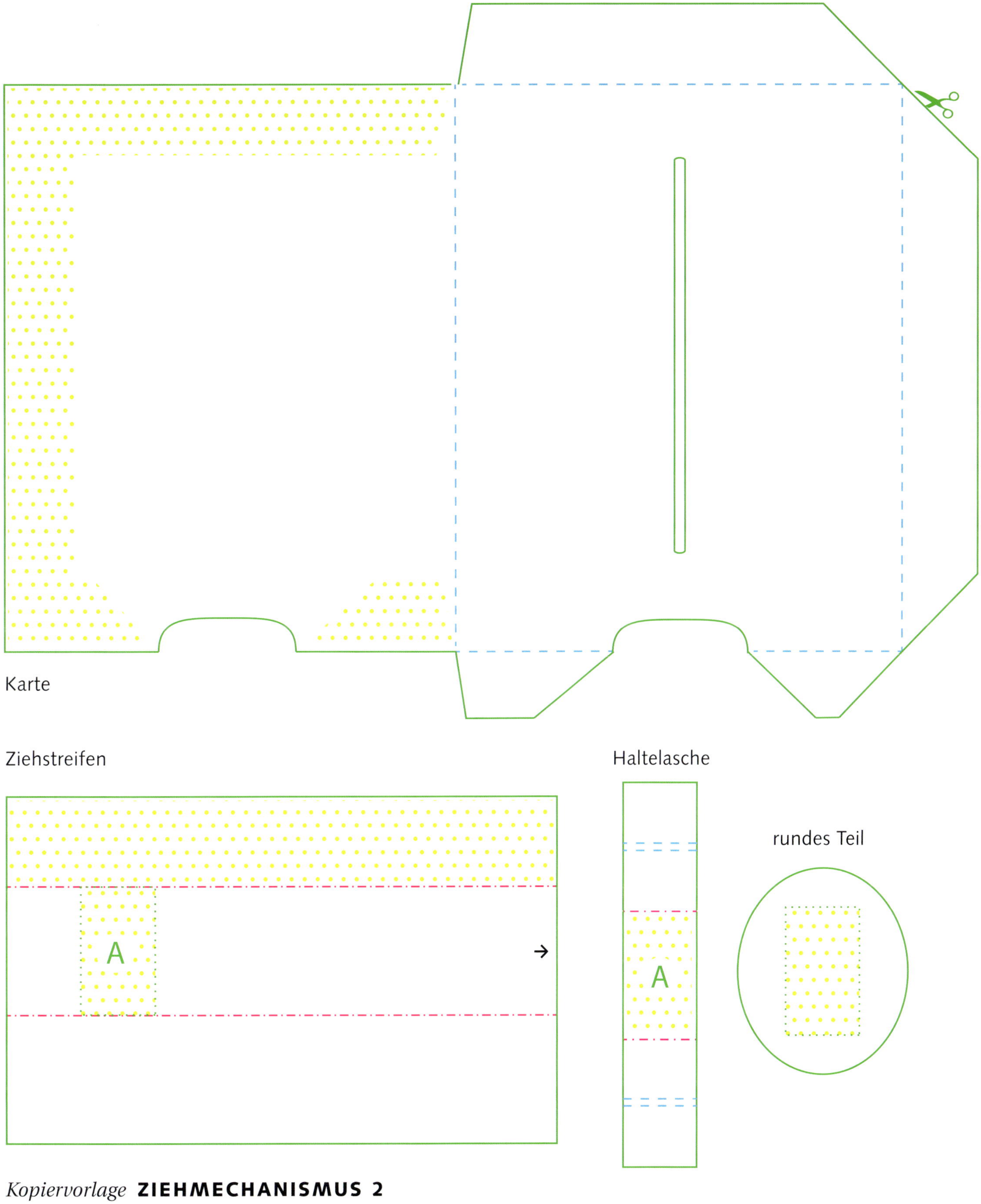

Kopiervorlage **ZIEHMECHANISMUS 2**

DIE SCHWEBENDE PLATTFORM

Ob fliegende Teppiche, Supersandwiches oder UFOs: Mit diesem „magischen" Mechanismus lässt du Dinge schweben und ziehst eine zweite, dritte oder sogar vierte Ebene in dein Pop-up ein. Die Form von oben gesehen, ist dabei fast egal, sie kann sogar ein Loch in der Mitte haben.

DU BRAUCHST:

- Vorlage von Seite 128 auf festem Papier (160g/m²)
- Stricknadel
- Lineal/Geodreieck
- spitze Schere
- Klebstoff
- Bunt- oder Filzstifte, eventuell Collagenmaterial

Von der Seite aus gesehen, schwebt das Pop-up-Teil natürlich nicht wirklich, sondern wird von gleich langen Haltestreifen getragen.

UND SO GEHT'S:

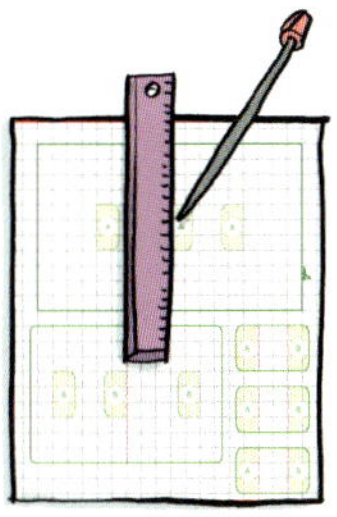

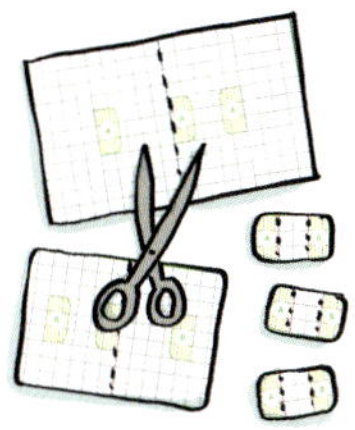

1 Ziehe alle gestrichelten Falzlinien mit der Stricknadel an einem Lineal entlang nach (siehe „Vorrillen“ Seite 13).

2 Schneide die Basisseite, das Plattform-Teil und die drei Haltestreifen aus.

3 Zeichne oder klebe deine Bildidee auf die Rückseite des Plattform-Teils. Dein Plattform-Teil kann eine andere Form bekommen, allerdings sollte die Form über die Klebeflächen und einen Teil des Mittelfalzes ragen. Schneide das Plattform-Teil eventuell entsprechend zurecht.

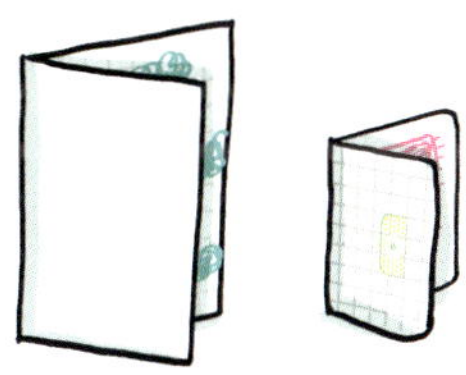

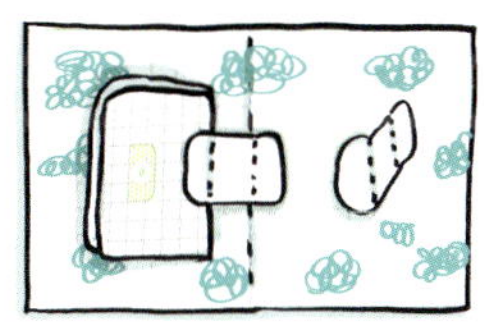

4 Verziere auch die Basisseite.

5 Falte das Plattform-Teil und die drei Haltestreifen mit Berg- und Talfalten vor (siehe Seite 14).

6 Fixiere die Klebeflächen der drei Haltestreifen mit Klebstoff auf den Klebeflächen der Basisseite. Damit du sie richtig herum klebst, sind die Klebeflächen hier halbrund, sie könnten aber auch eckig sein!

7 Klebe nun zuerst den mittleren Haltestreifen an die mittlere Klebefläche des Plattform-Teils.

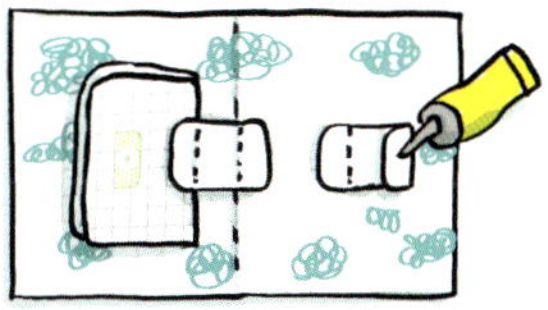

8 Lege das Plattform-Teil flach auf die linke Seite. Klappe den Haltestreifen, der auf der rechten Basisseite klebt, nach rechts außen. Klappe die Klebefläche nach vorne um, bestreiche sie mit Klebstoff und schließe die Seite. Warte kurz, bis alles angetrocknet ist.

9 Jetzt mit der anderen Seite spiegelverkehrt wiederholen: Plattform-Teil nach rechts legen, Haltestreifen nach links außen streichen, Klebstoff drauf, Plattform ankleben, zuklappen – fertig!

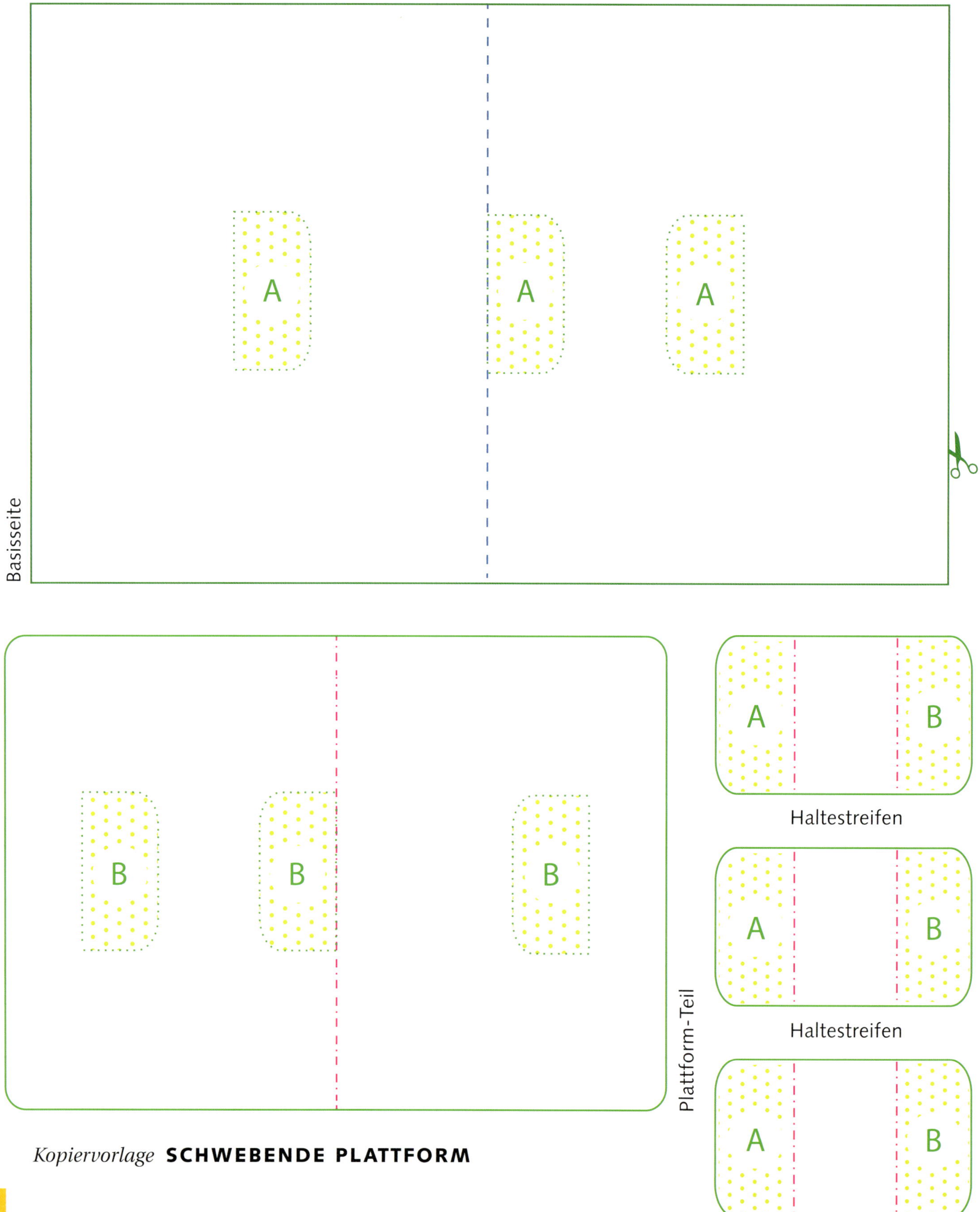

Kopiervorlage **SCHWEBENDE PLATTFORM**

MIT DER PLATTFORM

Wenn du dich mit der Plattform angefreundet hast, kannst du gleich noch ein paar mehr Sachen schweben lassen! Wie wäre es zum Beispiel mit einem Super-Sandwich mit mehreren Stockwerken?

EIN PAAR DINGE SOLLTEST DU DABEI BEACHTEN:

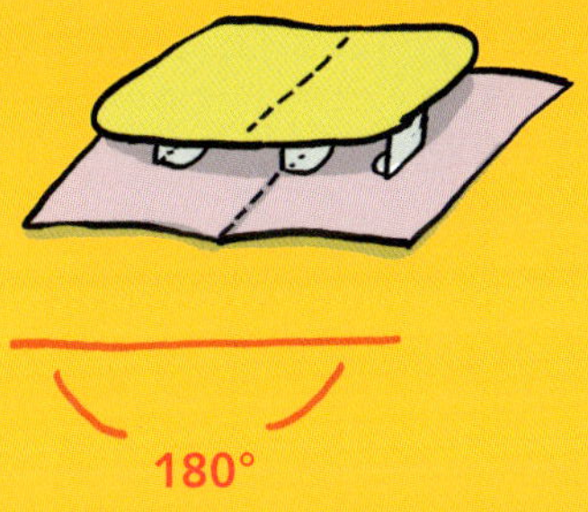

- Die Basisseite wird bei diesem Mechanismus voll aufgeklappt.
- Die Ebenen „schweben" normalerweise parallel über der Basisseite, das heißt, alle Haltestreifen müssen immer gleich lang sein.
- Meistens brauchst du drei Haltestreifen; einen links, einen rechts und einen in der Mitte.

Übrigens: Bei „echten" Pop-ups sind solche Plattformen oft nicht aufgeklebt, sondern haben Schlitze, in denen die Haltestreifen stecken. Das ist zwar schwieriger zu entwerfen, aber einfacher zusammenzusetzen.

UND JETZT WIRD'S KNIFFLIG:

- Versuche doch mal, ein Loch in die Mitte des Pop-up-Teils zu schneiden, zum Beispiel ein viereckiges für einen Rahmen oder ein Fenster. Dann brauchst du in der Mitte eventuell zwei schmale Haltestreifen oben und unten.

- Oder stapele ein paar Plattformen aufeinander – wie viele schaffst du?

- Und wie hoch kann deine Plattform fliegen?
- Mache die äußeren Haltestreifen doch mal länger oder kürzer als den mittleren – was passiert dann?

AUS EINZELNEN SEITEN WIRD EIN BUCH

Was kannst du aus einzelnen Pop-up-Seiten machen? Ein Buch natürlich!

Wenn du schon einige Seiten im gleichen Format gebastelt hast, lege sie nebeneinander und überlege, was die Seiten verbindet – vielleicht fällt dir nachträglich eine Geschichte oder ein Gedicht zu den Seiten ein? Eventuell musst du hier und da noch eine Seite dazwischen schieben, um den Verlauf deiner Geschichte zu erklären. Oder du klebst hinterher einen Hauptdarsteller auf jede Seite, um alles miteinander zu verbinden. Dein Hauptdarsteller könnte zum Beispiel einen wirren Traum haben und von Seite zu Seite sieht seine Welt ganz anders aus. Oder vielleicht macht er auch eine Reise durch fremde Länder?

DU BRAUCHST:

- einen kurzen Text
- Pop-up-Seiten (Format für dieses Beispiel offen 18 cm breit, 11 cm hoch, geschlossen 9 cm breit, 11 cm hoch)
- Bastelkleber/Klebestift
- Textilklebeband

Für den Anfang ist es einfacher, wenn es nicht zu viel Text gibt. Du kannst selbstverständlich auch ein Pop-up-Buch ohne Text machen!

Du kannst auch mit ein paar Freunden ein gemeinsames Buch basteln und jeder von euch gestaltet eine Seite – das eignet sich toll für ein gemeinsames Geschenk!

UND SO GEHT'S:

1 Such dir eine kurze Geschichte oder ein Gedicht heraus, es kann natürlich auch selbst geschrieben sein. Manche Witze eignen sich ebenfalls ganz gut!

2 Unterteile die Geschichte in fünf bis acht Abschnitte, je nachdem, wie viele Pop-up-Seiten du machen möchtest.

3 Denk dir gute Pop-up-Bilder zu den einzelnen Abschnitten aus. Vielleicht machst du dir vorher ein paar Skizzen, vielleicht bastelst du auch einfach drauflos. Vielleicht hast du auch schon eine „fast passende" Seite gebastelt, die du noch ein wenig verändern kannst.

4 Pass auf, dass du auf den Seiten genügend Platz für den Text lässt. Falls das schwierig ist, kannst du den Text auch auf Extraseiten zwischen die Pop-up-Seiten platzieren. Du kannst den Text entweder mit der Hand schreiben, oder du schreibst den Text in deiner Seitenbreite auf dem Computer, druckst ihn aus und klebst die Abschnitte auf die Seiten.

5 Bringe die einzelnen Seiten in die richtige Reihenfolge, kontrolliere das lieber zweimal!

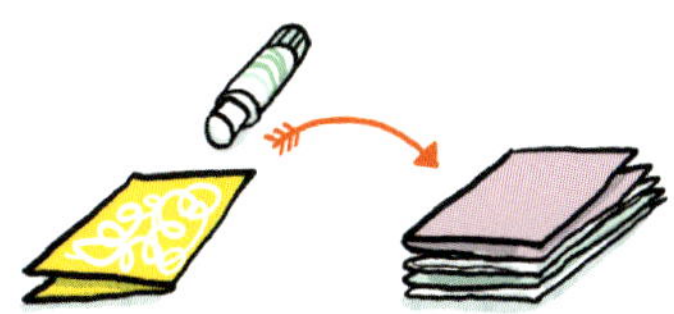

6 Wenn alle Seiten fertig sind, klebst du den Buchblock, also das Buchinnenleben, Rückseite an Rückseite zusammen. Die Rücken der Seiten müssen dabei möglichst genau aufeinander liegen.

7 Klebe zwei oder drei Streifen Textilklebeband quer über den Buchblockrücken, so wird das Buch stabiler.

Übrigens, auf Seite 132 erfährst du, wie du für dein Buch einen passenden Umschlag basteln kannst!

Kopiervorlage **BUCHUMSCHLAG**

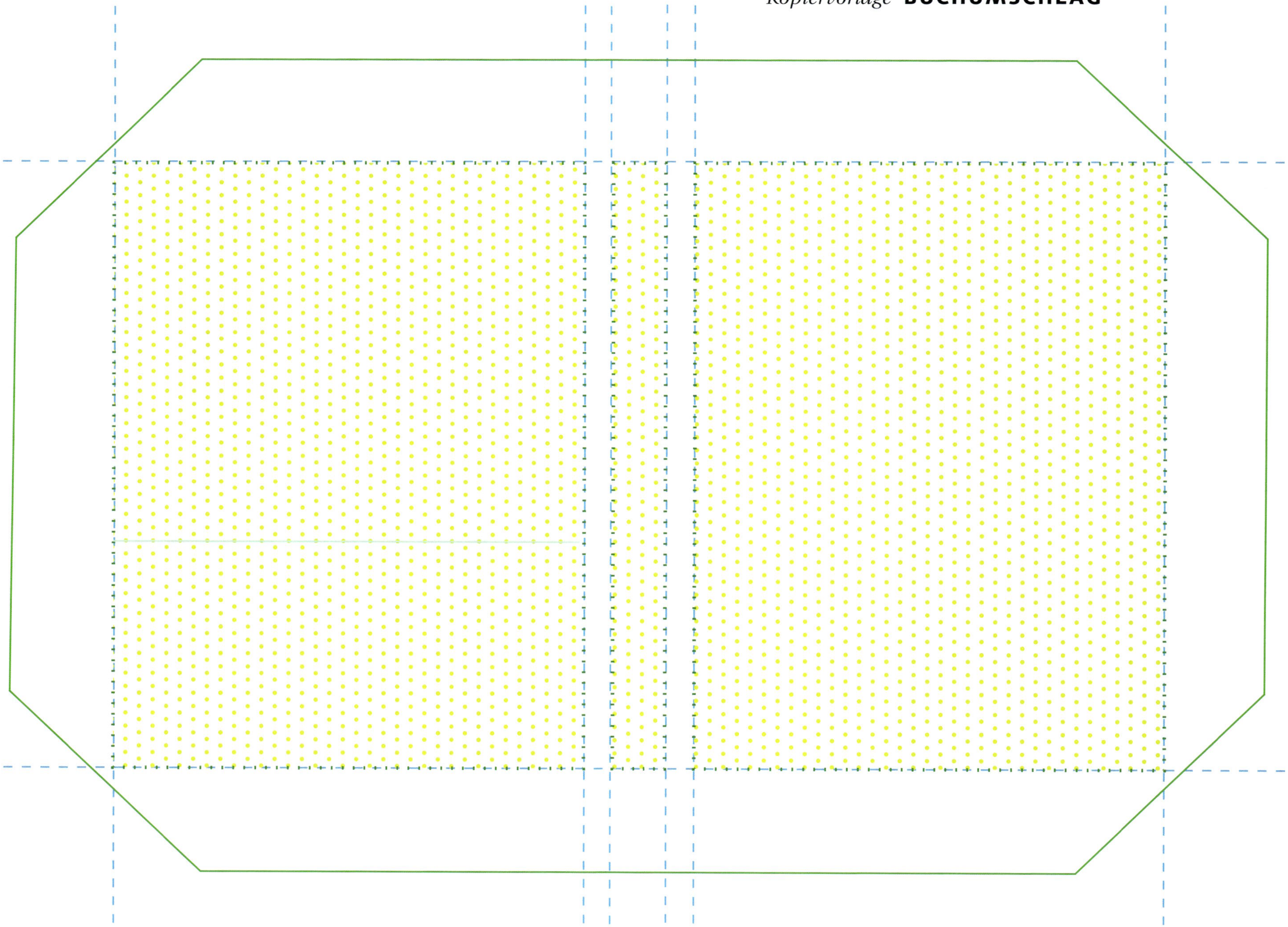

EINEN BUCHUMSCHLAG BAUEN

Ein richtiges Buch muss natürlich einen Umschlag bekommen, das ist ja klar! Dieser hier passt für das Buch, das du auf den vorangegangenen Seiten angefertigt hast.

DU BRAUCHST:

- zwei Pappen* im Format 12 cm x 9 cm
- einen Pappstreifen* im Format 12 cm x 1 cm
- Kopiervorlage von Seite 132 (Achtung, auf dünnerem Papier von 120g/m² ausgedruckt!)
- eventuell Stifte und Collagenmaterial
- eventuell selbstklebende Bucheinschlagfolie
- Bastelkleber
- Textilklebeband

* Die Pappen kannst du aus der Rückseite eines alten Schreibblocks schneiden!

UND SO GEHT'S:

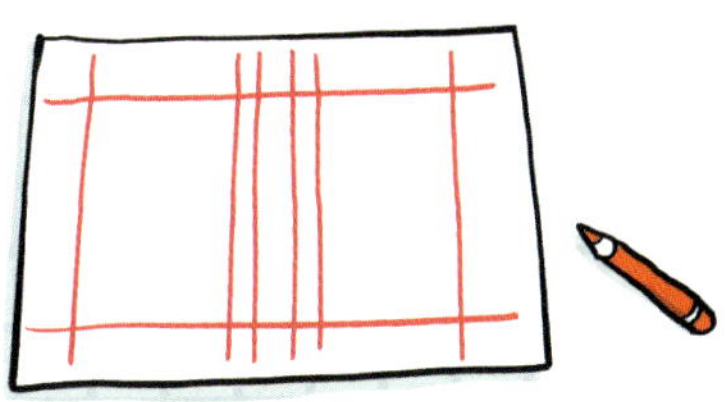

1 Halte das dünne Papier mit der ausgedruckten Kopiervorlage an ein Fenster und pause die Linien dünn mit Bleistift auf die Papierrückseite durch: Das wird deine Umschlagvorderseite. Die Linien kannst du nach dem Gestalten wegradieren.

2 Gestalte deinen Umschlag: Auf die Vorderseite gehören der Titel und dein Name als Autor, Illustrator und Papieringenieur. Außerdem brauchst du ein gutes Titelmotiv. Das kannst du auf die Vorlage zeichnen, malen oder kleben. Pass auf, dass es nicht zu dick wird, denn der Umschlag muss sich noch um das Buch biegen lassen …

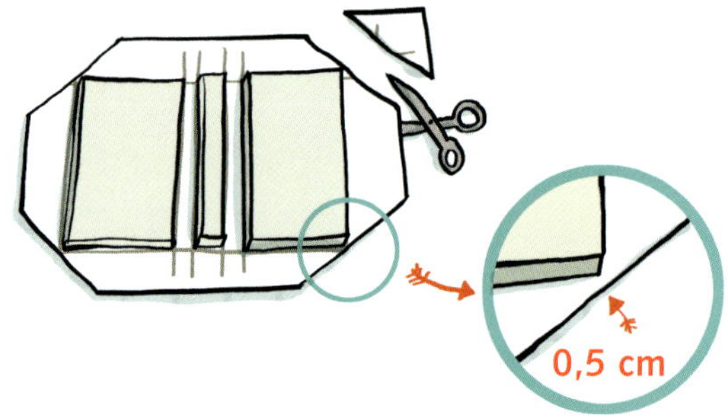

3 Du kannst das Umschlagpapier von der Außenseite mit Bucheinschlagfolie beziehen, dann sieht es „echter“ aus.

4 Lege die Pappen, wie auf der Zeichnung zu sehen, auf die Rückseite des Umschlags. Zwischen den Deckeln und dem Rücken ist je 1 cm Platz. Klebe die Pappen nacheinander fest.

5 Beschneide das Umschlagpapier an der durchgezogenen Linie entlang. Die schrägen Ecken sind etwa 5 mm von den Pappenkanten entfernt.

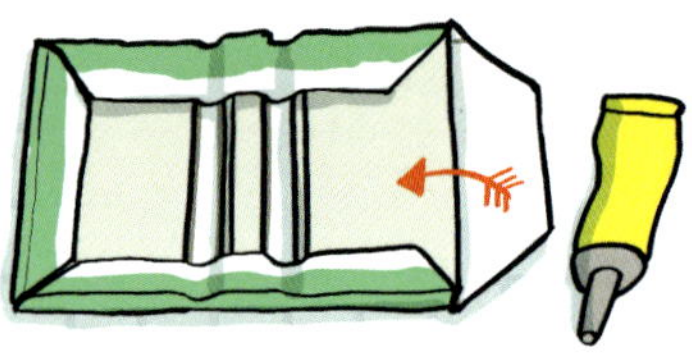

6 Falte die überstehenden vier „Flügel“ eng um die Pappen herum, streiche sie glatt und klebe sie fest. Die Flügel gegebenenfalls noch mit Klebeband fixieren.

7 Bringe den Umschlag vorsichtig in Form.

8 Bestreiche eine Außenseite des Buchblocks bis auf einen 1,5 cm breiten Rand am Rücken mit Klebstoff.

9 Klebe den Buchblock so in den Umschlag, dass der Rand des Umschlags noch gut zu sehen ist.

10 Bestreiche die andere Seite des Buchblocks ebenso wie in Schritt 9 mit Klebstoff und klappe den Buchdeckel zu.

Diese Anleitung gilt für ein kleines Buch mit etwa fünf oder sechs Pop-up-Seiten. Möchtest du ein anderes Format machen, dann kannst du dir die Umschlaggröße dafür berechnen:

1 Miss aus, wie groß der Buchblock, also die Innenseiten, sind.

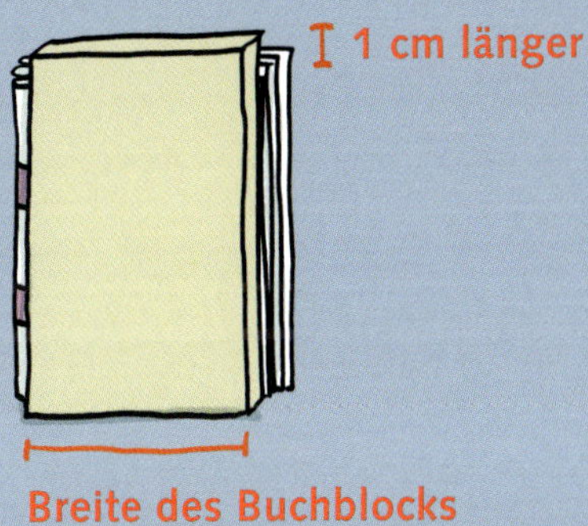

2 Die beiden Pappdeckel müssen 1 cm länger und genauso breit wie der Buchblock werden.

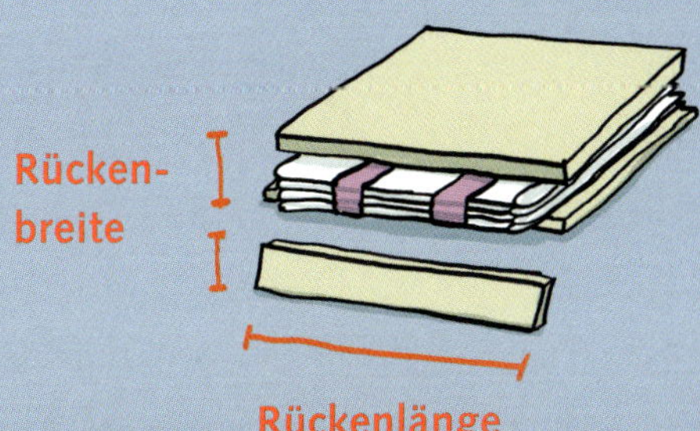

3 Der Rücken, also der Pappstreifen, wird genauso lang wie die Pappdeckel und so breit, wie der Buchblock inklusive der Pappdeckel dick ist.

Schau dir ein paar Buchumschläge an, um dich inspirieren zu lassen.

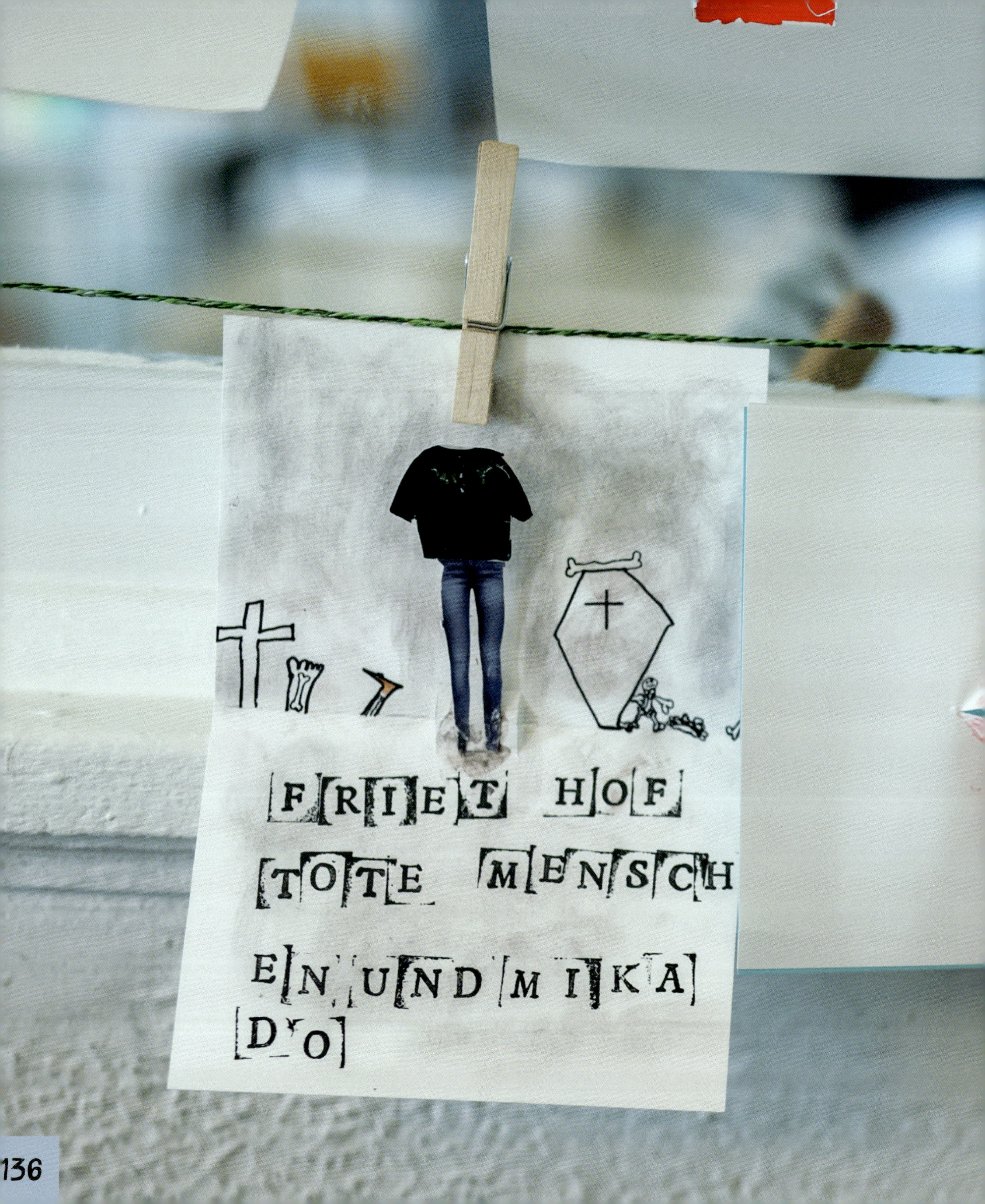
FRIETHOF
TOTE MENSCH
ENUNDMIKA
DO

Carl Cino

SOS! POP-UP-RETTUNGSTIPPS

Dein Pop-up ist richtig toll geworden, deine Zeichnung sitzt – kurz, du bist zufrieden mit dir. Du klappst die Seite zu – doch was ist das? Entscheidende Teile deines Kunstwerks ragen leider aus der geschlossenen Karte!

WAS MACHST DU DANN?

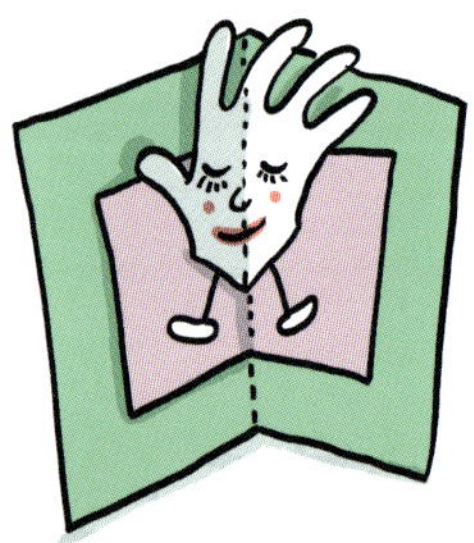

- Denke um: Vielleicht ist ja nicht dein Pop-up zu groß, sondern nur deine Seite zu klein? Klebe in diesem Fall einfach eine größere Seite drumherum.
- Oder du klappst die Seite zu, schneidest das herausragende Teil beherzt ab, klappst die Seite wieder auf und schaust, was du aus den Resten machen kannst.*
- Du kannst auch versuchen, das herausragende Teil mit einer zusätzlichen Faltung wieder in die Seite hineinzufalten.
- Aber eventuell soll das Ganze ja so aussehen? Schließlich bist du der Künstler und bestimmst, was wie aussehen soll!

*** Achtung, dieser Tipp funktioniert leider nicht immer, manchmal muss man das Pop-up dann leider doch wegwerfen …**

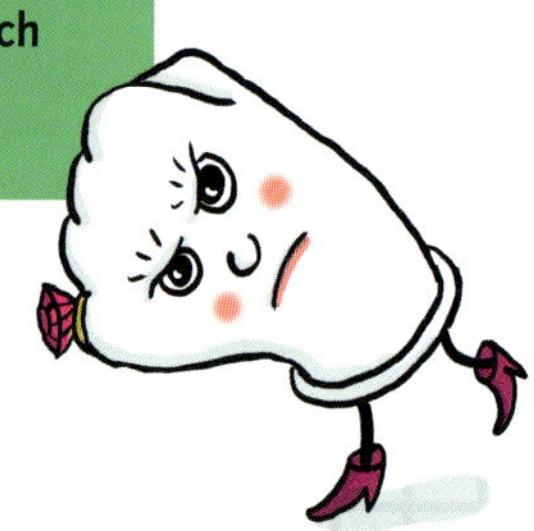

UND WAS MACHST DU, WENN ETWAS SO SCHIEF GEKLEBT IST, DASS DAS POP-UP NICHT FUNKTIONIERT?

- Versuche, das Teil möglichst schnell wieder abzumachen, noch bevor der Klebstoff ganz getrocknet ist. Positioniere das Teil neu.
- Wenn leider alles schon festklebt, kannst du probieren, die Seite mit „Gewalt“ zuzuklappen und das Papier so zu zwingen, sich an einer anderen Stelle zu falten. Eventuell musst du dann das Pop-up-Teil von der Rückseite mit etwas Papier verstärken.
- Notfalls kannst du aus deinem Pop-up auch ein „Ständig-up“ machen: Vielleicht bastelst du einen Guckkasten oder eine kleine Bühne daraus (siehe “Freestyle-Pop-ups” Seite 96 ff.)?

SHOPPING
GUTSCHEIN
VIEL SPASS!
FUR LARA
VON SVEYA
15 EURO

HAPPY
BIRTHDAY
Frieda Jacob

EINSATZGEBIETE

FÜR POP-UPS

Die meisten Pop-up-Ideen in diesem Buch hast du ja erst einmal als Karten gebastelt, vielleicht hast du sogar schon ein Buch gemacht, aber dabei muss es ja gar nicht bleiben! Vielleicht findest du noch ganz andere Einsatzgebiete für deine neuen Fähigkeiten? Ein paar Tipps findest du auch auf Seite 99 bei den Freestyle-Pop-ups, und hier kommen noch ein paar weitere Ideen:

- Vielleicht musst du demnächst mal wieder ein Wandplakat für die Schule machen? Überrasche deine Klasse doch mit Pop-up-Klappen zum Öffnen!

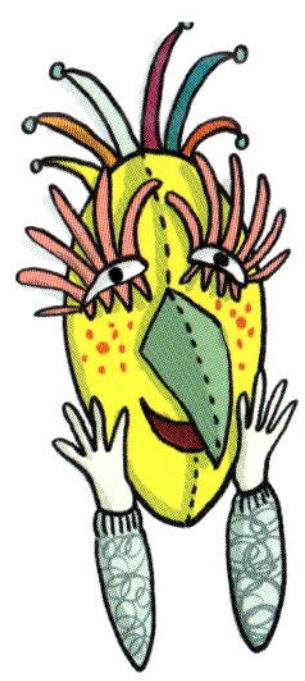

- Denk dir eine Pop-up-Maske aus – die kannst du während der karnevalfreien Zeit elegant zusammenklappen. Oder – allzeit bereit – immer dezent dabeihaben, falls du plötzlich abtauchen musst.

- Eventuell findest du einen Ort, an dem du deine Pop-up-Experimente ausweiten kannst? Wie wäre es zum Beispiel mit einem Riesen-Pop-up hinter deiner Zimmertür?

- Und wenn deine Pop-ups noch größer werden möchten: Es haben auch schon mal Theatergruppen ihre Bühnenbilder als Pop-up gebaut – vielleicht wäre das etwas für dich?

VIEL SPASS BEI DEINEN POP-UP-EXPERIMENTEN WÜNSCHEN DIR L UND R!

Und wenn du etwas Tolles gebastelt hast, mail uns doch mal ein Foto, da freuen wir uns!

L+R@VONSTEMM.COM

ANTJE VON STEMM,

geboren 1970, ist Illustratorin, Autorin und Buchdesignerin. Sie hat neben ihrem Illustrationsstudium in Hamburg auch knapp zwei Jahre Paperengineering bei einem Pop-up-Buch-Packager in Santa-Fe, USA, gelernt. Ihre Buchprojekte sind sehr vielfältig: Wimmelbücher, Klipp-Klapp-Bücher, Sachbücher und Pop-up-Bücher gehören zu ihrem Repertoire. Einige ihrer Bücher fordern den Leser auf, selbst tätig zu werden. Ihre Bücher wurden in zahlreichen anderen Ländern veröffentlicht und haben einige tolle Preise erhalten: Unter anderem gab es den Jugendliteraturpreis für „Fräulein Pop und Mrs. Up", den LUCHS für „Extrembasteln" und den White Raven für „Unser Schiff".

Wenn sie nicht gerade an einem neuen Kinderbuch bastelt, zeichnet oder schreibt, gibt sie auch sehr gerne Workshops, die meist ganz harmlos anfangen und in kollektiven Bastelspektakeln enden.

Sie arbeitet gemeinsam mit zehn anderen kreativen Menschen unterschiedlichster Disziplinen im Hamburger Atelier Freudenhammer. Mehr erfährst du unter: www.vonstemm.com

KERSTIN SCHÜRMANN hat ebenfalls Illustration in Hamburg studiert und dabei gemerkt, dass sie am liebsten Bücher gestaltet und, wie hier, Fotos, Zeichnungen und Texte ordnet und layoutet. Sie arbeitet mit zwei Kolleginnen im formlabor. Welche Bücher dort sonst noch entstehen, kannst du hier sehen: www.formlabor.de

MARTINA VAN KANN hat die tollen Fotos bei den Pop-up-Workshops gemacht. Mehr über Martinas Arbeit kannst du unter www.van-kann.de finden.

ROMAN VEHLKEN hat die lustigen Geräusche zu den Videos aufgenommen. Was er sonst noch so macht, siehst du unter www.freudenhammertonstudios.de

Danke an alle Künstlerinnen und Künstler, die bei diesem Buch mitgemacht haben: **CARL LINO**, **EMIL**, **FRIDA BERNA**, **FRIEDA**, **HANNAH**, **HELENA**, **JIM**, **LEO**, **LILI**, **LUCIE**, **ROSA**, **SIMON** und **SVEJA**

– ohne euch würde dieses Buch ganz anders aussehen!

Tschüss

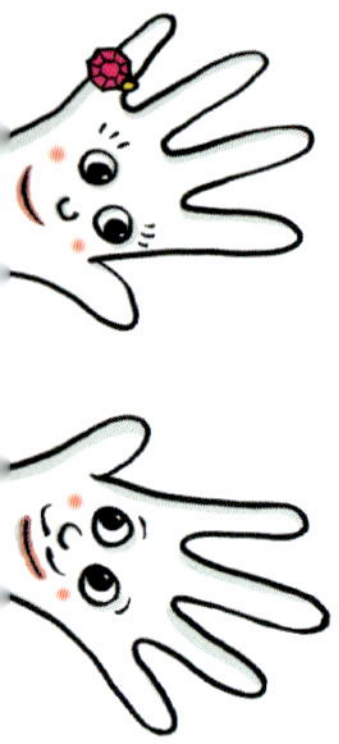

IMPRESSUM

Illustrationen Antje von Stemm, D-Hamburg

Gestaltung und Satz Kerstin Schürmann, formlabor, D-Hamburg

Lektorat Anja Fuhrmann, D-Berlin

Fotografien der Kinder und Workshops Martina van Kann, D-Hamburg

Fotografien der Pop-up-Objekte Antje von Stemm

Videos Antje von Stemm

Sound Roman Vehlken, D-Hamburg

Vermittelt durch die Agentur Susanne Koppe, D-Hamburg
www.auserlesen-ausgezeichnet.de

Bibliografische Information der Deutschen Nationalbibliothek:
Die Deutsche Nationalbibliothek verzeichnet diese Publikation in der Deutschen Nationalbibliografie; detaillierte bibliografische Daten sind im Internet über http://dnb.dnb.de abrufbar.

ISBN 978-3-258-60139-7

Gedruckt in Bosnien und Herzegowina
www.haupt.ch

FSC www.fsc.org MIX Papier | Fördert gute Waldnutzung FSC® C110418

Wünschen Sie regelmäßig Informationen über unsere neuen Titel zum Gestalten? Möchten Sie uns zu einem Buch ein Feedback geben? Haben Sie Anregungen für unser Programm? Dann besuchen Sie uns im Internet auf www.haupt.ch. Dort finden Sie aktuelle Informationen zu unseren Neuerscheinungen und können unseren Newsletter abonnieren.